▶ 国家现代职业教育改革创新示范区建设成果
▶ 国家职业教育质量发展研究中心研发成果
▶ 教育部重点课题《提升全国职业院校技能大赛
　　　国际影响的实践与机制研究》成果

职业院校技能大赛

——中国职业教育的制度创新

吕景泉◎编著

天津出版传媒集团

天津人民出版社

图书在版编目(CIP)数据

职业院校技能大赛：中国职业教育的制度创新 / 吕
景泉编著. —— 天津：天津人民出版社, 2021.5
　　ISBN 978-7-201-17331-3

Ⅰ.①职… Ⅱ.①吕… Ⅲ.①职业教育-职业技能-
竞赛-研究-中国 Ⅳ.①G719.2

中国版本图书馆 CIP 数据核字(2021)第 088396 号

职业院校技能大赛:中国职业教育的制度创新
ZHIYE YUANXIAO JINENG DASAI :
ZHONGGUO ZHIYE JIAOYU DE ZHIDU CHUANGXIN

出　　版　天津人民出版社
出 版 人　刘　庆
地　　址　天津市和平区西康路 35 号康岳大厦
邮政编码　300051
邮购电话　(022)23332469
电子信箱　reader@tjrmcbs.com

策划编辑　安练练
责任编辑　李　荣
装帧设计　明轩文化·李晶晶
　　　　　TEL:23674746

印　　刷　天津新华印务有限公司
经　　销　新华书店
开　　本　787 毫米×1092 毫米　1/16
印　　张　16
插　　页　1
字　　数　145 千字
版次印次　2021 年 5 月第 1 版　2021 年 5 月第 1 次印刷
定　　价　48.00 元

大赛点亮人生，技能成就梦想

ChinaSkills

让每个人都有人生出彩的机会

编 著

吕景泉

芮志彬　武春平

目 录

CONTENTS

第七篇　国赛价值　/　171

第一篇 ▼
国赛概貌

引 语

为实现"两个一百年"奋斗目标提供人才保障，全国职业教育工作会议于 2014 年 6 月 23 至 24 日在北京召开。

习近平总书记就加快职业教育发展做出重要指示。

"职业教育是国民教育体系和人力资源开发的重要组成部分，是广大青年打开通往成功成才大门的重要途径，肩负着培养多样化人才、传承技术技能、促进就业创业的重要职责，必须高度重视、加快发展。"①

"要树立正确人才观，培育和践行社会主义核心价值观，着力提高人才培养质量，弘扬劳动光荣、技能宝贵、创造伟大的时代风尚，营造人人皆可成才、人人尽展其才的良好环境，

① 习近平 2014 年 6 月就加快职业教育发展做出的重要指示，据新华社北京 2014 年 6 月 23 日电。

努力培养数以亿计的高素质劳动者和技术技能人才。"①

"要牢牢把握服务发展、促进就业的办学方向，深化体制机制改革，创新各层次各类型职业教育模式，坚持产教融合、校企合作，坚持工学结合、知行合一，引导社会各界特别是行业企业积极支持职业教育，努力建设中国特色职业教育体系。要加大对农村地区、民族地区、贫困地区职业教育支持力度，努力让每个人都有人生出彩的机会。"②

"各级党委和政府要把加快发展现代职业教育摆在更加突出的位置，更好支持和帮助职业教育发展，为实现'两个一百年'奋斗目标和中华民族伟大复兴的中国梦提供坚实人才保障。"③

---

① 习近平 2014 年 6 月就加快职业教育发展做出的重要指示，据新华社北京 2014 年 6 月 23 日电。

② 同上。

③ 同上。

一、大赛回眸

2008年，首届全国职业院校技能大赛（简称大赛，或国赛）在天津开幕，到2019年，每年举办一届的大赛历经了十二届次。大赛已成为中国职业教育领域规格最高、校企合作最紧密、专业覆盖面最广、参赛选手最多、社会影响力最大、联合主办部门最全的国家级技能赛事。

随着大赛发展，中国职业教育在深化教学改革、服务经济社会、助力产业升级、推动区域发展、促进国际合作等方面取得可喜成绩。大赛有力助推中国职业教育发展，形成中国职业教育的亮丽品牌。

2017年，是党的十九大召开之年，也是大赛连续举办的第十届。"精彩十年"，成为大赛发展进程中的一个精彩里程。

2017年5月，李克强总理给第十届全国职业院校技能大赛的举办，做出重要批示："技能大赛贯彻新发展理念，充分发挥引领示范作用，推动职业教育进一步坚持面向市场、服务发展、促进就业的办学方向，坚持工学结合、知行合一、德技并修，坚持培育和弘扬工匠精神，努力造就源源不断的高素质产业大军，投身大众创业万众创新，为更好发挥我国人力人才资源优势、推动中国品牌走向世界、促进实体经济迈向中高端做出新的更大贡献！"全国职业院校技能大赛在新时代新起点上继续承载使命，不断前行。

2017年5月8日，第十届大赛开幕式与第三届职业教育活动周全国启动式共同在天津隆重举行。时任中共中央政治局委员、国务院副总理刘延东出席并发表讲话，她深情地说："我回忆起2008年，我与时任市委书记，也就是现在的中共中央政治局常委、国务院副总理张高丽同志当时一起商量要在天津办职业大赛，因为当时天津发展得非常好，给我们留下了非常深的印象。以后就经过国务院批准同意，把天津作为每一年全国职业院校技能大赛的永久会场，2015年国务院又决定将每年5月份的第二周作为职业教育活动周。所以把技能大赛和活动周联动举办，来展示职业教育蓬勃发展的态势和广大职业院校师生的良好风貌，也因此成了我们国家职业教育亮丽的名片。"可以说，2008年6月首届大赛在天津的成功举办，开启了职业教育全国技能竞赛的建设与发展之路，大赛这项中国特色职业教育重大制度的创新和发展倾注了党中央、国务院领导的巨大心力。

大赛攻坚克难、前行不辍，经历了不平凡的历程，成为集中反映职业教育深化改革、发展创新成果的缩影和窗口，成为中国特色职业教育的亮丽品牌。

二、创新国家职业教育制度

2005 年，新中国成立以后首个国家职业教育改革试验区（以下简称试验区）落户天津，教育部和天津市人民政府议定，将举办全国职业院校技能大赛作为试验区建设的重要内容，开启了试点先行、创新设计、全面推开的大赛制度构建之路。

经过系统谋划和整体设计，在时任中共中央政治局委员、国务委员刘延东的亲自推动下，2008 年 6 月，首届大赛在天津举办。刘延东出席了开幕式、观看了部分技能项目比赛，并召开职业教育座谈会，重点就职业教育工作听取了意见。她强调要完善中国特色现代职业教育体系，培养更多高素质劳动者和高技能人才。大赛要发挥推进体制机制创新和宣传职业教育重要地位的作用，要成为创造有利于职业教育发展良好社会环境和舆论氛围的重要举措。

自此，国家相继发布的一系列职业教育重要文件中，将技能竞赛置于提升职业教育质量、增强职业教育吸引力的重要位置；教育部将大赛列为年度工作要点，不断完善其制度设计，确保规范运行。经过十二届次大赛，国务院相关部门、地方政府、社会组织、行业组织和职业院校协同并进、联合办赛机制形成；大赛制度实现了对赛事组织机构、赛事筹备、竞赛过程、赛后工作的全覆盖；由大赛组委会、执委会、赛区组织机构、赛项组织机构和承办院校构成的大赛工作体系的全套制度得以构建；赛项申报与遴选、参赛资格、组队方式、比赛奖励、分赛区设置等方面的制度确立并不断完善；各种监督保障制度也日益健全成熟。"精彩、专业、安全、廉洁"成为历届大赛的追求。

历经十二届次，作为加快发展现代职业教育的重要制度设计，大赛丰富了我国职业教育的制度体系，使中国特色的职业教育制度日趋完善。

三、构建职业技能竞赛体系

国务院批准天津作为每年全国职业院校技能大赛永久主赛场，职业技能竞赛的国家体系建设之路正式开启。

2009 年第二届国赛期间，刘延东在天津视察大赛，她强调职业院校技能大赛覆盖全国，很多专业的学生都参与，起点高、组织好、影响大，对职业教育发展意义重大。

2011 年，刘延东在大赛闭幕式上发表重要讲话，她充分肯定大赛举办以来在促进职业教育改革、创新、发展、建设方面所起到的积极作用，并殷切地鼓励选手们说："参加全国职业院校技能大赛是人生中光彩的一页，接受职业教育的青年学生将迎来更加美好的未来。这对于进一步扩大大赛影响、全面推进大赛发展，可谓加注了充足的动力、更加明晰未来的发展方向。"

2012年，大赛的竞赛体系日益完善，在全国逐步形成为"主-分赛区"的竞赛格局。自2012年起，大赛在天津主赛场以外增设分赛区，并建立分赛区公平竞争遴选机制，以充分发挥分赛区和承办院校所在地的产业、资源和政策优势，使大赛产生更加广泛的影响。伴随"主-分赛区"竞赛格局的建立，国家级大赛组织体系、地方竞赛组织体系和学校竞赛组织体系形成，构成覆盖全国、逐级组织的竞赛框架。

与此同时，大赛引领形成三级竞赛体系。全国大赛带动省赛，并促进校赛，"校校有比赛，省省有竞赛，国家有大赛"的技能竞赛体系形成。大赛举办地（省、自治区、直辖市），从2008年的1个发展到2019年的22个；赛项承办学校，从2008的10个发展到2019年的85个；由此形成的辐射网络则使每所职业院校的每位师生都成为这个竞赛体系的精确节点，"人人都参与、专业大覆盖、层层有选拔"，技术技能人才培养和选拔的"金字塔工程"蔚然成型。

四、培育德技并修大国工匠

大赛弘扬"劳动光荣、技能宝贵、创造伟大"的时代风尚，不断营造人人皆可成才、人人尽展其才的良好环境，在培养数以亿计的高素质劳动者和技术技能人才进程中发挥着不可替代的引领作用。

刘延东在 2013 年第六届全国职业院校技能大赛闭幕式的讲话中对大赛高度评价，她说："大赛展示了职业教育创新成果，深化了职业院校教育教学改革，有力推动了产教融合、校企合作，促进了人才培养与产业发展的结合，扩大了职业教育国际交流，增强了职业教育影响力和吸引力。大赛越办越好，已成为广大师生展示风采、追梦圆梦的广阔舞台，成为促进我国职业教育改革发展的重要抓手，对职业院校办出特色、办出水平的引领作用日益凸显。"大赛引领教学成为重要的发展导向。

"以赛促学、以赛促教、以赛促改、以赛促建"，持续推进职业教育教学改革与创新，大赛成为"风向标"。职业院校立足大赛标准全面推进教学改革成为当代职业教育的发展趋势，而大赛资源转化的成果则持续促进专业建设和提高人才培育质量，优质的教学成果因之不断涌现。2014 年，以工程实践创新项目（EPIP）教学模式应用成果"开发技能赛项与教学资源推进高职机电类专业综合实训教学的改革与实践"荣获新中国成立以来首个国家级职业教育领域教学成果"特等奖"，与其他获奖成果共同对职业院校教学改革产生深远影响。

德育是大赛之魂。倡导"德技并修"的竞赛精神和"精益求精"的工匠精神，努力培育知行合一、德艺双馨的大国工匠，是大赛一以贯之的核心目标。90%以上的赛项将职业素养纳入考核范围，而2013年以来50%以上的赛项强化团队合作，100%的赛项注重质量意识、成本意识和环保意识培养，职业院校的德育工作也因之增加了有力抓手。大赛期间各赛区都有德育方面的同期活动，有工作会、座谈会、表彰会、演讲会、风采赛、体验展演，切中职业教育育人规律，传承职业教育文化命脉，成为大赛期间的亮丽风景，"安教乐道"——现代职业教育之"品"，也随着大赛渗透到师生的心灵深处，为现代职业教育孕育大国工匠筑底发力。

2017年5月8日，刘延东在天津亲切接见十位历届大赛中获奖选手，了解他们在岗位上的贡献，欣慰地赞叹大赛培育了大国工匠！

五、提升服务中国制造能力

大赛支撑经济转型升级、提振中国制造实力，服务于造就源源不断的高素质产业大军，推动中国品牌走向世界，促进实体经济迈向中高端。

2015 年 7 月，刘延东在天津出席第八届全国职业院校技能大赛闭幕式时强调，要深入落实创新驱动发展战略，围绕实施中国制造、互联网 +，加快科技创新步伐，努力取得更多原创性和颠覆性创新成果，为稳增长、调结构、惠民生增添动力。她指出，"职业教育蓬勃发展，释放出巨大人才红利，有力促进就业创业，取得举世瞩目的成就"。

行业企业深度参与的大赛组织机制使产教融合、工学结合、校企合作得到有力扩展。赛项设置紧贴产业需求，与国家三大产业的发展结构相匹配；现代服务业赛项比重稳步提升，占比稳定在一半左右；战略性新兴产业赛项占三成左右；现代农业、制造业赛项则更加关注产业升级的方向。竞赛内容密切对接行业标准和企业生产实际，行业、企业专家参与审定赛项规程，确保了大赛能够更好地引导职业教育对接产业转型、升级发展的迫切需求。云计算技术与应用、物联网技术应用、移动互联应用软件开发、工业产品造型设计与快速成型、工业机器人技术应用等赛项体现新产业、新技能、新业态的变化；智能家居安装与维护、电子商务技能、大气环境监测与治理技术、风光发电系统安装与调试、农产品质量安全检测等赛项则适应绿色环保的发展要求。

2016年9月完成的《全国职业院校技能大赛自评报告》指出80%以上的赛项有国内外知名企业深度参与，产业最新技术、先进设备和人才需求标准引入大赛，引领职业教育专业建设，有力地支撑着和服务于中国制造。据初步统计，十二届次的大赛，数千万以上的职业院校学生参与了各类技能大赛。其中，参加国赛层级的选手近11万人，获奖选手超过7万人，他们已经成为技术技能大军中的核心和骨干。

六、打造职业教育国际品牌

"一带一路"倡议，需要职业教育加快国际化，服务国际产能合作。大赛不断提升自身的国际影响力与世界分享力，推动中国职业教育走出去，促进合作国的技术技能积累。

刘延东对大赛推进职业教育国际化有着充分肯定和殷切期许。在2013年第六届全国职业院校技能大赛闭幕式上的讲话中，她肯定地说，大赛扩大了职业教育国际交流，增强了职业教育影响力和吸引力。在2016年第九届全国职业院校技能大赛开幕式讲话中，她要求职业教育和大赛要培育高质量技术技能人才，抢占国际产业链和价值链的制高点。在 2017 年第十届全国职业院校技能大赛开幕式上，她进一步强调，要扩大开放合作，通过加强国际合作，借鉴国际先进经验来提升我们职业院校办学水平，要适应"一带一路"建设，让职业教育"引进来，走出去"，进行合作办学人才培养，参与制定职业教育国际标准，打造中国品牌，使职业教育成为中外人文交流的新能源。第十届大赛期间，她接见了中国第一个鲁班工坊——"泰国鲁班工坊"的中外双方院校长及建设团队，勉励大家要将鲁班工坊建设成中国职业教育的国际知名品牌，促进人文交流与合作，服务"一带一路"。

在国赛举办的时间轴上，从第二届开始，组织方及职业院校每年邀请国内外知名企业、国际竞赛选手、国际著名会展集团参与大赛活动。2019 年第十二届大赛，受邀观摩大赛的各国职业教育相关人士超过 6000 人。在大赛同期活动中，"自动化生产线安装与调试"国际挑战赛已成功举办 8 届，国际化专业教学成果交流赛举办了 5 届，电脑鼠走迷宫（IEEE）国际邀请赛举办 4 届。大赛教学资源《自动化生产线安装与调试》《工程实践创新项目教程》等双语教材，成为东盟职业技能大赛竞赛和教学培训的重要支撑；EPIP 教学模式与鲁班工坊国际品牌，已经成为助推中国与世界分享职业教育成果的话语标识。大赛期间，举办"职业教育国际研讨会""国赛"对接"世赛"国际赛事合作交流论坛等活动已经常态化；"五业联动"高端讲堂、"安教乐道"情境讲坛成为亮眼平台；"职继协同、双周推进"深入人心，开启职业教育服务社会新领域。通过大赛，工程实践创新项目（EPIP）国际联盟成立、首届"鲁班工坊"与"产教融合"国际论坛在天津举办、中泰职业教育活动周暨中国东盟职业院校学生作品展等活动连续举行，来自世界多国的政府官员、主管部门、院校代表和学生参与感受中国大赛，感知中国职教。

大赛注重"请进来"的同时，更重视将大赛优秀成果"输出去"。由职业院校、行业企业共同设计的大赛赛项、竞赛装备、教材资源成为东盟职业技能大赛的指定赛项，竞赛的标准、装备、教材率先走出国门；经过泰国"鲁班工坊"自动化装备训练的泰国代表队、印度尼西亚代表队在2016年11月举行的第十一届东盟职业技能大赛中获得一等奖，中国职业教育大赛的"软实力"叫响海外。

2017年5月，国赛成果转化中心在天津正式揭牌成立，大赛资源转化的国家机制正式建立，以赛促学、促教、促改、促建的成效更加显著。

在第十届全国职业院校技能大赛开幕式上，刘延东总结大赛成就时指出，作为加快发展现代职业教育的重要制度设计，全国职业院校技能大赛已经走过了不平凡的历程。大赛已经成为弘扬工匠精神和劳动风尚，推动产教融合与校企合作、促进职业教育教学改革发展重要的平台。技能大赛作为一个缩影和窗口，集中反映了职业教育深化发展改革的历程，一步一步地实现新的跨越。它所经历的不平凡的历程，展现了职业教育与经济社会有机融合、互动发展的协作之旅，绘就了一幅职业教育战线勇于承担使命、奋发有为的美丽画卷。

第二篇 ▼

天津视角

引 语

大赛助推职业教育在深化教育教学改革、服务经济社会发展、助力产业转型升级、推动区域协调发展、促进国际交流合作等方面取得可喜成绩，成为中国职业教育的亮丽品牌。

2008 年开始，教育部、天津市政府联合国家的相关部委办（从 2008 年 11 个部委办，到 2019 年 35 个）共同主办了十二届次全国职业院校技能大赛。

天津作为主赛区，为大赛提供了丰沃土壤和良好平台，使大赛成果扎根生长，遍地开花。伴随大赛的发展，天津职业教育界不断拓展思路、创新理念、夯实基础、打造优势、形成特色，实现了一次次华丽转身，形成一系列可复制、可借鉴、可推广的典型经验，走出了一条具有天津特质、叫响全国的职业教育改革创新发展之路。

一、缘起与演进

2005 年 8 月，伴随滨海新区开发开放纳入国家总体发展战略布局，教育部与天津市政府签订了《教育部 天津市政府共建国家职业教育改革试验区协议》，天津成为首个国家级职业教育改革试验区（简称试验区）。

2007 年 8 月，为加速推动《国家职业教育改革试验区建设实施方案》落实，教育部和天津市政府召开了试验区工作领导小组会议，研究确定：实施"每年举办全国职业院校技能大赛"重大举措，助推试验区建设，全面探索校企合作培养技能人才，为全国职业教育改革提供示范和引领。天津被确定为大赛的主赛场和永久举办城市。

2008 年首届全国职业院校技能大赛在天津成功举办。主办单位 11 个，分别是：教育部、天津市人民政府、人力资源和社会保障部、农业部、国务院扶贫办、住房和城乡建设部、交通运输部、工业和信息化部、全国总工会、共青团中央、中华职教社。

首届大赛分为中职、高职两个组别进行，共设电工电子、数控技术、美容美发等 10 个专业类别、24 个比赛项目。其中，中职组设置了 7 个专业类别的项目；高职组设置了数控技术、模具设计与制造、机电一体化3类4个比赛项目（产品部件数控编程、加工与装配，注塑模具CAD与主要零件加工，自动线安装与调试，机器人）。

2008年、2009年、2010年前三届大赛，天津作为主赛场，且是唯一举办地，连续成功举办了三届。

2011年，第四届大赛，组委会在江苏试点举办了中职组会计技能类1个赛项和农业技能类7个赛项；在山东试点举办了中职组护理技能类1个赛项；其他46赛项全部在天津主赛场举办。

2012年，第五届大赛，开始推行分赛区制，形成了天津主赛区和各地分赛区"一主多辅"格局，也就是"主－分赛区"办赛格局。随后，分赛区和承办院校数量逐步增长，各分赛区承办赛项数量最多时达70%左右。天津作为主赛场，大赛助推职业教育改革试验区、示范区及示范区升级版建设成果，辐射全国，影响世界。

2013年，第六届大赛，首次设置"飞机发动机拆装检测与维护技能"赛项；同期举办了中德两国学生"飞机蒙皮技术挑战赛"和第二届"工程实践创新项目（EPIP）国际挑战赛"。飞机发动机被誉为"工业之花"，是一个国家科技、工业和国防实力的重要标志。竞赛要求选手掌握飞机发动机装配分解等基本维修技术技能，具备较高的团队合作精神、规范化操作能力、精准化质量意识等素质素养，引导和推动了航空类专业教育教学改革。

2014 年，第七届大赛，在大赛开幕前夕，全国职业教育大会在北京举行，时任中央政治局委员、国务院副总理刘延东在会议讲话中热情洋溢地说道："在天津连续举办了六届的全国职业院校技能大赛，已经成为中国职业教育的一道亮丽风景线。" 9 月 9 日，习近平、李克强等党和国家领导人在北京接见首个职业教育领域国家级教学成果"特等奖"获得者，其成果为应用 EPIP 教学模式"开发技能赛项与教学资源，推进高职机电类专业综合实训教学的改革与实践"，刘延东为其颁发证书及奖章。

2015 年，第八届大赛，为全面展示大赛成果，教育部和天津市人民政府主办、教育部职业教育与成人教育司和天津市教育委员会承办，在天津海河教育园区商务职业学院创设全国职业院校技能大赛博物馆。大赛期间，刘延东亲临大赛博物馆考察指导，勉励参与工程实践创新项目（EPIP）"智能机器人"活动中小学生，提出"职业启蒙，要从娃娃做起"；在博物馆，刘延东还见证了《教育部 天津市政府共建国家现代职业教育改革创新示范区》协议签约，并发表讲话；时任教育部副部长鲁昕现场强调，天津的国家职教示范区验收成功，签署"示范区升级版"建设协议，标志着天津进入

"职教4.0版"建设时代。

2016年，第九届大赛，大赛开幕式与第二届职业教育活动周全国启动仪式在天津海河教育园区机电职业技术学院举行，这是首次将职业教育活动周全国启动仪式与大赛开幕式并轨举办，更是首次在职业院校内举办。大赛期间，刘延东在天津广播电视大学考察"小小工程师"活动现场和老年服务项目展示，通过视频平台与各地职教活动周现场联通，慰问师生，同广大市民交流。

2017年，大赛满十届，走进第十个年头。按照教育部整体部署，在大赛博物馆举办"共筑职教梦，喜迎十九大"主题展示活动，其名称为"全国职业院校技能大赛十年成果展——精彩十年"。成果展从大赛发展历程、制度机制建设、助推教学改革、关注国计民生、服务经济发展、助力产业升级、培养技能人才、弘扬工匠精神、推动区域合作、促进国际交流等方面，图文并茂，多维度、多视角、多层面对大赛十年取得的辉煌成就进行全面系统的展示，总结了中国职业教育改革与发展的丰硕成果。刘延东再次莅临大赛博物馆，参观"精彩十年"成果展，并亲切接见"泰国鲁班工坊"中泰双方院校长及建设团队，考察了"自动化生产线安装与调试"国际赛项现场。国家中西部地区职业教育师资培训中心、国赛成果转化中心、国家职业教育教学资源开发与制作中心、鲁班工坊研究与推广中心等"国字号"相继落户天津。

2018 年,第十一届大赛,中央政治局委员、国务院副总理孙春兰在出席第四届职业教育活动周全国启动仪式暨第十一届全国职业院校技能大赛开幕式,调研天津职业教育工作,实地考察了天津海河教育园区轻工职业技术学院"鲁班工坊建设体验中心"、智能电梯赛项现场,城市职业学院养老与幼儿培养培训基地,第一商业学校现代服务业人才培养基地,并主持召开新一届政府首次职业教育工作座谈会,提出"1+X"构想。

2019 年,第十二届大赛,恰逢新中国成立 70 周年。全国职业院校技能大赛和第五届职业教育活动周以"迎祖国七十华诞,展职教时代风采"为主题,全面落实"新时代谱写新篇章"总要求,在天津主赛区召开了《国家职业教育实施方案》座谈会,教育部副部长孙尧出席并讲话,全国 50 位职业教育专家齐聚津门为新时代职业教育改革发展出谋划策。大赛期间,泰国、印度、英国、印度尼西亚、巴基斯坦、柬埔寨、葡萄牙和吉布提已建成鲁班工坊的受益学校师生、国内外知名企业家近 200 位嘉宾齐聚天津,共话"一带一路"为合作国经济发展带来的新变化。

十二届次的大赛,天津作为主赛场,探索出一套完整的赛事和活动举办机制,为大赛注入天津职教特质和天津职教精神，推动了大赛举办质量不断升级，组建了国家职业教育改革试验区（示范区）联盟，创建了京津冀协同发展产业对接平台，成立了EPIP国际教育联盟，组织了首届"鲁班工坊"与"产教融合"国际论坛，打造了"五业联动"高端讲堂、"安教乐道"现代职教之品、"我与大赛故事""传承班墨文化"等优质品牌，导入了"自动化生产线安装与调试"国际邀请赛、"工程实践创新项目（EPIP）国际挑战赛""IEEE电脑鼠走迷宫"国际邀请赛等国际赛事，借助大赛、职教活动周和示范区、鲁班工坊等多平台的叠加、辐射、极化效应，有力推动了产教融合、国际合作、德技并修、工匠精神的落实落地，也为大赛改革试点赛及中国职业技能大赛提供了坚实的基础与有益的范式。

二、内涵建设，成效显著

2008年首届大赛成功举办之后，天津市教委联合职业院校，结合大赛助推职教改革的实践探索，成功立项国家社会科学基金"十一五"规划2009年度一般课题（课题编号：BJA090058）《全国职业院校技能大赛对职业教育发展的影响力研究》，并于2013年顺利结题。课题团队从学术角度和理论层面研究、剖析、探究了大赛对于职业教育发展的推动与影响。

在教育部职业教育与成人教育司、天津市教委的领导下，职业院校、行业企业多方联动，系统设计并探索了"大赛—职教改革试验区—人才培养"的互动机制的实施方案。通过举办大赛，把探索具有"校企合作、工学结合"的经验和做法加以制度化和规范化，本着"以赛促学、促教、促改、促建"的设计思路，建立职教与行业、学校与企业长效合作机制，实现了专业与区域产业对接；建立专业设置、师资队伍、实训条件建设与企业发展有效互动机制，实施了专业动态调整、"双师"素质教师、"双师型"教学团队和综合实训基地高水平建设；建立课程、培养规格与职业标准高效对接机制，开发了技能大赛教学资源平台，引领和服务日常教学；建立技能人才培养与选拔的综合评价机制，探索了学生综合职业能力培养，引导了现代教学组织方式、教学法的广泛应用。

经过实践探索、理论研究、经验总结和成果推广，大赛对于优化专业布局和调整，优化课程体系和标准，优化师资队伍建设途径，优化实训基地建设内涵，优化中高职衔接培养方案，优化综合职业能力培养方式，起到了极大的促进作用。

以大赛为推手，紧贴企业和市场需求，多方协同，成功探索了"四机制、六优化"，助推了职教改革试验区"体制机制创新、培养模式改革、就业准入、对外开放、中西部合作"等任务的完成，构建了"大赛、职教改革试验区（示范区）、人才培养"的互动模式。通过天津大赛成果的推广应用和全国职教界的共同努力，实现了大赛作为职教发展助推器的制度创新设计目标。

2010 年，国家职业教育改革试验区建成，升级为国家职业教育改革创新示范区；2011 年，作为示范区的标志性成果，天津海河教育园区和大赛的主赛场落成使用；2012 年，首届"自动化工程实践创新项目（EPIP）国际交流会暨工程实践创新项目国际挑战赛"在天津举办；2013 年，教育部在天津召开 25 个国际化专业教学标准验收评审会，《工程实践创新项目（EPIP）教程》英文版出版发行；2014 年，天津职业院校获得首个职业教育领域国家级教学成果"特等奖"；2015 年，示范区建设验收成功，实现再次升级，天津升级为国家"现代"职业教育改革创新示范区；2016 年，坐落于天津海河教育园区的天津中德应用技术大学，作为首个职业教育领域创新设立的"应用技术大学"招生办学；2017 年，第十届国赛期间，全面呈现大赛成果的"精彩十年"在天津成功举办；2018 年，天津首创并率先组织实施的"鲁班工坊"，正式上升为国家战略；2019 年，鲁班工坊建设遍及亚欧非三大洲，《鲁班工坊核心要义——中国职业教育的国际品牌》《EPIP 教学模式——中国职业教育的话语体系》在中国、英国（英文）出版发行，国赛理念、国赛装备、国赛标准、国赛方案走向世界，大赛成为中国职业教育体系化、系统性与世界分享的重要推进器。

三、大赛引领，职教改革

1. 专业设置对接产业变化

每年一届的大赛汇集凝练了全国职教骨干、行业和企业专家开发的技能赛项，可以说，赛项及时反映了产业、企业及技术热点。天津按照赛项设置要求，组织院校和行业企业，直接参与或主持赛项的设计；组织院校教师和企业人员，深入研究赛项设计理念、赛项考核内容和赛项技术要求，比照院校发展定位和专业布局特点，分析区域经济发展趋势和高端、高质、高新企业需求，通过赛项设置感知产业需求，通过竞赛装备体悟教学应用，通过竞赛内容了解核心技术，通过竞赛评价熟悉现场工艺，通过竞赛准备锻炼教师队伍，通过学生训练探索工程实践，制度化设计，项目化实施，将大赛作为校企合作、产教融合的重要平台，为职业院校设置新专业、改造老专业、调整现有专业提供导向，优化了专业布局、专业设置、专业调整和专业改造，为建立职教与行业、学校与企业长效合作机制提供保障。

2008 年，首届大赛高职组"自动化生产线安装与调试"赛项整体带动了自动化领域的专业调整，"注塑模具 CAD 与主要零件加工"赛项、"产品部件的数控编程、加工与装配"赛项全面拉动了装备制造类专业建设……

通过大赛，天津职业院校相继新增航空航天、现代制造、新能源新材料、物联网和移动通信等 8 个专业组群，组建了 16 个行、校紧密合作办学的职教集团，改造了 21 个适应产业结构升级转型的专业，行业企业支持天津职业院校专业建设的设备仪器资金量达 5.2 亿元。

2. 教学过程适应生产过程

大赛的赛项内容设计与企业生产实际保持了高度一致，学校、企业专家深度合作、共同设计的赛项载体和竞赛环境，集中反映了产业新技术、典型生产装备和现场工艺要求，体现了职业标准和岗位要求。

职业院校教师和行业企业工程技术人员，按照赛项序列，及时将技能大赛的赛项内容、技术工艺、素质素养等要求纳入专业教学，嵌入课程体系，构建综合实践教学模块。引导专业基础课程、专业技术课程、专业核心课程的协同配套与改革。将竞赛考核点分解为专业教学的知识点、技能点、素养点，完善人才培养方案和专业教学标准。强化现场实际、工程实践和职业素养，推进 EPIP 教学模式广泛应用。天津市教委组织职业院校专业带头人和骨干教师，将赛项成果转化作为重要教改内容，组建跨院校、跨企业的专项工作团队进行教学资源建设，编写服务 EPIP 应用的系列教材，开发数字化教学资源，建设资源服务平台。优化课程体系、课程标准、课程内容和课程资源，实现了职业院校的课程与职业标准、教学过程与生产过程的对接。

截至 2019 年，天津职业院校建成了以大赛赛项为主题，支撑赛项纳入日常教学的教材 200 余部，建设辐射全国的国家级精品课程 32 门，国家级精品资源共享课程 47 门。

3. 教学团队注重双师素质

通过大赛，天津市教委和职业院校充分意识到专业教师的技术技能水平、教学组织方式等方面与现代职教发展、行业企业需求存在较大差距。通过对"赛项六要素分析"，发现专业教师对于现场生产工艺、技术应用场景、新技术发展、国际化通用技术的了解、熟悉、运用存在更大差距。

参与赛项设计的骨干教师、参与技术服务的专业教师、参与竞赛指导的教师团队贴近行业企业、贴近竞赛装备、贴近赛项内容，全方位得到了锻炼。大赛广泛吸引了行业龙头企业直接参与，引入了当今最新专业技术，专业教师通过"赛初"接受技术培训，"赛前"指导学生训练，"赛中"配合涉赛企业技术人员调试设备，"赛后"将竞赛成果嵌入日常教学，教师的教学实践能力和技术应用能力得到快速提升。大赛的实施，为行业、企业、学校三方搭建了信息、人员、技术、装备、管理充分交流共享的平台，行业企业人员深度参与职业教育改革实践，学校专业教师深度融入企业生产现场氛围，形成了良好的互动。

抓住大赛契机，天津市教委牵头，人社局、财政局联动，制定《天津市职业教育师资培训工作实施意见》，以职业能力发展和职业技能竞赛为导向，全面实施职业院校师资能力提升计划，明确规定，新任职业院校教师必须接受不少于120学时岗前培训，必须在指定企业进行不少于3个月的实习；在岗教师每两年必须进行不少于2个月的企业实践锻炼，强化社会实践活动等规定。以大赛为导向，形成"如何学做职校教师""要做教师，先做学生""既当教师，也做专家""企业充电，做不过时的教师"四个主题提升机制，全面促进了职业院校教师"双师"素质提高。

大赛的行业、企业、院校交流共享平台，为职业院校的专兼职"双师型"结构的教学团队建设提供了新途径、新方法，大量的企业技术人员成为职业院校稳定的兼职教师，在专业建设、课程改造、设备更新、组织创新等方面做出贡献，优化了职业院校"双师型"师资队伍建设途径。

职业院校结合赛项，开展专业教师竞赛与培训 285 次，培训教师 3196 人次，引导专业教师为企业提供技术服务 610 项。

4. 实训条件贴近企业装备

通过大赛，学生的赛前训练及竞赛过程，按照企业操作规范、生产标准、评价标准进行，指导教师按照企业的工艺规程进行指导；学生使用的设备是典型的生产过程"高仿真"设备，学生加工的产品是企业生产的真实产品，评价学生的标准是行业企业通用的标准。大赛的竞赛装备、技术内涵、竞赛氛围充分体现现代产业、典型企业、生产现场的要求，成为职业院校加强实训基地建设的鲜明导向和基本依据。

天津职业院校在教育部、市教委推动的示范校、央财和地财实训基地、院校自身实训场所建设实践中，以技能竞赛为引领，借鉴、消化、吸收竞赛成果，联合龙头企业，从"实训场所、氛围营造、装备选用、指导教师、实训耗材、场地管理、教学标准、课程教材、技能鉴定、培训服务、过程监控" 11 个维度，本着"理论实践一体化、强化技能训练、职业资格培训鉴定、职业素质训导、对外技术服务、企业文化促进"6 个主要功能建设原则，为专业组群搭建了适合 EPIP 运用的综合训练型实践基地，为专业搭建了工程化、情景化技术技能训练场所，为学生专业认知搭建技术传承、文化体验、产业发展的体验中心，建设了集技能竞赛、实践教学、技能鉴定、社会培训、技术研发为一体的，与企业技术装备水平紧密对接的实训基地体系，优化了职业教育实训基地建设内涵。

以大赛为引领，职业院校形成广泛的学校之间、校企之间共研共建共享共用共赢的实训资源建设的良好氛围和有效机制。

通过大赛，天津职业院校校企共建校内实训基地 154 个，新增高效依托型校外实训基地 600 多个。

5. 人才培养衔接系统化

大赛的中职与高职系列化赛项设计为中职、高职院校的有效对接、系统化培养提供了新途径，技能大赛赛项理念、赛项内容、竞赛标准和竞赛装备为中职与高职院校专业教师系统化构建课程体系，开展深度教研、课程改革提供了新平台。

天津市教委明确要求，以高职院校牵头，中职学校与高职院校按照赛项系列类型，融入赛项要素进行专业对接，从培养目标、实训装备、课程资源、师资融合四个方面入手，设计中高职一体化课程体系，探索中高职技能人才系统化培养，优化了中高职衔接人才培养方案。

2008 年，天津中德职业技术学院和天津市机电工业学校结合中职组、高职组分别开设的自动化生产线赛项，先行启动"机电一体化技术"专业对接，进行系统化培养探索，招收了"改革实验班"。依据中职、高职课程既相对独立、又相互承接的原则，围绕技能赛项蕴含的专业核心技术，制定了"整体设计、分段实施、协同合作"的一体化教学方案，实现了系统化培养的有效推进。

2009 年，以大赛为引领，中高职衔接一体化的教学方案推广到其他专业，天津职业院校广泛采用或借鉴此种模式。实施中高职紧密衔接的系统培养，形成 20 多个中职、高职优势专业联合办学体。2013 年，"三二分段中职接高职"合作专业 120 个，招生 8105 人。

6. 工程实践强化协同协作

大赛的竞赛内容既涉及技术应用，也突出对学生工程实施能力、团队协作能力、计划组织能力的检验，突出对学生的职业素养、交流沟通以及效率、成本和安全、环保意识的考察，指明了职业院校教育教学改革方向，引导了现代教学组织方式和教学法的应用。

2008年以来，职业院校有计划、有步骤地开展教学改革，以"工程实践创新项目（EPIP）"为抓手，实施竞赛引领的毕业设计实践、学生专业社团活动、工程化实践项目教学，提升学生的工程实施能力；以"跨专业、跨年级组队参赛"为抓手，团队协作，强化日常教学中的"小组工作法"运用，探索"基本技能单工位训练、专业技能团组训练、综合实践项目团队训练"的教学组织方式，强化学生计划组织能力、交流沟通能力、团队协作能力的培养；以"每年的赛项学生志愿服务"为抓手，注重职业素养、工作效率、奉献精神、安全规范、环保意识的培养和锻炼，并将其引入教育教学各项活动中；以"自评、互评、教师评"为抓手，探索在竞赛项目准备中，广泛提升学生的质量意识，提升学生客观评价自己和别人的素质；以大赛倡导的"过程评价、工艺评价、功能评价、素养评价"为抓手，将多维度工作评价方式运用到教学中；以"行动导向教学法"为抓手，将现代教学方法和教学组织形式应用到教育教学各个环节，优化了学生综合职业能力培养方式。

通过建立技能人才培养与选拔的综合评价机制，探索了学生综合职业能力培养，天津职业院校的毕业生得到企业的高度认可，截至2013年底，平均就业率连续五年高出全国平均就业率近五个百分点。

四、赛项建设，EPIP 应用

EPIP，是 Engineering Practice Innovation Project（工程实践创新项目）首字母的缩写。工程实践创新项目（EPIP），是工程（Engineering）、实践（Practice）、创新（Innovation）、项目（Project）四个元素的有机组合，其内涵是"工程化、实践性、创新型、项目式"。"工程实践创新项目"特指一种教学模式，即 EPIP 教学模式（简称 EPIP），其总称为"工程实践创新项目（EPIP）教学模式"。

EPIP，是在中国的职业教育实践和理论研究基础上，汲取中国古代、近现代教育思想，借鉴国际先进职业教育经验，创立的职业教育教学模式。EPIP，从中国本土实践中来，再到中国本土实践中去，是结合中国本土实际创立的教学模式。EPIP 是以实际工程为背景，以工程实践为导向，以能力培养为目标，以工程项目为统领的技术技能人才培养的教学模式。

首届国赛结束，大家都在思考：技能大赛如何引导职业教育教学改革？如何发挥服务日常教学的作用？如何让更多的院校受益？如何让更多的学生受益？这些问题成了职教界和整个社会普遍关注的问题！

教育部自动化技术类专业教学指导委员会牵头，以中国职业技术教育学会教学工作委员会、全国机械行业、工业和信息化职业教育指导委员会为平台，国家级机电一体化专业群教学团队先后与德国西门子、日本三菱电机自动化、德国DMG、德国博世力士乐、美国NI、深圳汇川工控、北京昆态、中科基业等企业全方位合作，联合职业院校，从首届国赛开始，先后策划、设计、组织实施了"自动化生产线安装与调试""楼宇智能化系统安装与调试""智能电梯装调与维护""工业机械手与智能视觉""机器人应用技术""飞机发动机拆装与维护"等国赛赛项，"数控机床安装、调试与维护""现代电气控制系统安装与调试""自动化工程实践创新项目""自动化创新大赛"等全国性技能赛项，"飞机蒙皮维护""中德两国学生数控技术赛""自动化工程实践创新项目"等国际化赛项，航空电子技能大赛等企业赛项。

EPIP教学团队和行业企业技术人员，围绕技能竞赛成果，开发了10个基于赛项成果、服务专业综合实训教学的教学资源包，它包括"竞赛实训装备、彩色纸质教材、数字资源光盘及专题学习网站"，形成"四位一体"的教学资源，出版了系列"工程实践创新项目（EPIP）"规划教材；建设了《自动化生产线安装与调试》《自动化工程实践创新项目教程》《工业机械手与智能视觉系统》等双语版教材和教学资源。EPIP赛教互动，也推动了鲁班工坊教学仪器与技术装备建设，为中国职业教育的模式、标准、装备、话语走出国门奠定了重要基础。

EPIP 首创者基于大赛实践，于 2014 年，率先提出并创建了职业教育产教融合发展的新机制——"五业联动"。通过产业、行业、企业、职业、专业的互动联动，协同协作，深化了产教融合、校企合作体制机制建设，促进了教育链、人才链与产业链、创新链有机衔接。实践证明："五业联动"，是一种有效的中国职业教育院校办学新模式。2020 年 1 月 23 日，国务院办公厅发布《关于推广第三批支持创新相关改革举措的通知》中，明确提出，在人才培养和激励方面：推进"五业联动"职业教育发展新机制。

1. EPIP 的赛项开发

EPIP 教学团队，遵循"四元""两核（真实、完整）"要义，从"工程化"入手，以"实践性"贯穿，引"创新型"风尚，推"项目式"载体，实施赛项设计开发，探索了服务产业升级与社会需求，面向专业建设与课程改革，聚焦综合实训教学；融入行业企业标准，采纳国际通用技术，着眼大赛教学资源转化的赛项开发模式。按照调研社会需求—分析教学实际应用—提炼专业技术技能—研发竞赛实训装备—建设竞赛教学资源—举办全国性技能赛项的赛项开发步骤，实施了技能赛项设计、教学资源转化、赛事国际对接、文化体验活动为一体的系统化赛项承办组织方式。

1）赛项设置对接产业发展和社会需求

教学团队实施 EPIP "工程化"，深度融入真实工程、真实世界、现实生活、实际需要，开发的赛项主要源自国家支柱产业、战略新兴产业和社会生活服务领域，为产业发展和社会生活需要的技术技能人力培养培训服务。

"自动线安装与调试""机器人应用技术"等赛项开发顺应国家产业结构调整和升级的需要，紧扣了工业化进程的技术方向。"数控机床安装、调试与维护""飞机发动机拆装与维护"等赛项，以装备制造业对人才的新需求为出发点，衔接产业升级需要。"楼宇智能化系统安装与调试""智能电梯安装与调试"等赛项开发，以频发的"电梯惊魂"事件为背景，以"城市让生活更美好"为主调，瞄准了职业教育服务人民群众生活的需要。而"工业机械手与智能视觉系统"赛项，面对世界"智能制造"回流，以"后工业化"时代富士康事件为引子，引导高职专业向服务智能制造转型。

2）赛项设计对接专业建设和课程改革

教学团队紧紧围绕 EPIP 的 "工程化"，突出服务日常教学，引领专业建设，推动课程改革这一目标，将知技协进、德技并修、全面培养的"实践性"、以名举实、名实耦合、三谛圆融的"创新型"融入其中，推动综合实训教学的"项目式"载体建设。围绕智能制造类专业综合实训教学项目，教学团队会同行业企业技术人员共同设计赛项内容和装备载体，从社会需求调研出发，由典型工程应用提取专业技术和生产工艺，研发竞赛实训装备，共同制定竞赛标准，研讨教学资源建设，力求为职业院校的专业与产业对接、课程实施载体与典型现场装备结合、工程实践教学与企业管理运行联系搭建一个共通的"桥梁"。

教学团队围绕 EPIP 专业层面应用，技能赛项和竞赛实训装备以专业核心技术作为统领，嵌入多项专项技术。同时，为了服务学校专业建设中"相互平行、融合交叉"理论与实践教学体系的构建，开发设备注重了结构布局、层级布局、空间布局和应用布局。赛项内容和装备通过局部与整体、单体与总体、机械与电气、机构搭建与编程调试等架构组合方式，进行设计。如单站、双站、多站、整体联调（自动化生产线安装与调试），单梯、双梯、连梯联调（智能电梯安装与调试），居室、小区、管控中心、整体联调（楼宇智能化系统安装与调试），物料配送生产线、工业机械手搬运中心、物料仓储立体库、成品储藏库、各部联调（工业机械手与智能视觉系统）……实现引领专业综合实训课程改革，引导"核心技术一体化"专业建设应用，同时，为现代教学方法运用提供载体支撑。

3）赛项标准对接企业标准和岗位要求

"自动化生产线安装与调试"赛项的内容设计参照了"可编程控制系统设计师""维修电工"国家职业资格标准，"楼宇智能化系统安装与调试"赛项参照了"智能楼宇师"及行业安装标准……同时，竞赛装备的开发立足于日常教学，全面融入行业企业和生产现场要素，满足职业资格取证的训练要求，满足行业企业的操作规范和工艺。

教学团队实施的赛项设计围绕专业核心技术展开，实现了专业核心技术与课程设置一体化、教学环境一体化、职业资格一体化和顶岗实习一体化的目标，为技能竞赛、日常教学有效融入行业企业标准、职业资格标准提供了支撑。

4）赛项内容对接国际通用技术和工艺

教学团队在竞赛内容与装备设计开发过程中，研究和借鉴国际赛项经验，立足本土的国际化资源开发，大量选取在工业技术领域国际通用性强、应用效果好的主流技术和器件，参考生产工艺流程，分析典型跨国企业、高端技术企业用人标准，研究工程实践现场和综合职业能力要素，强化国际通用的"工艺考核、过程考核、功能考核和素养考核"，为赛项国际化推广奠定基础。

通过开发国际通用的"工程实践创新项目""自动化生

产线安装与调试"等教学装备和双语教学资源，为中国职业教育与国际对接提供了交流平台。

5）赛项文化对接技术传承和分享体验

教学团队在赛项策划、设计和申报之初，就联动国内外相关机构、高新技术企业、教学装备公司，启动配合国赛赛项的承办主题，体现赛项赛事特点，融合技术文化传承、新技术体验和分享，建立生活、技术、文化相互交融的竞赛环境。将赛项的举办与师生的技术文化体验相结合，将赛项开发设计理念体现在真实世界、现实生活中。

2. EPIP 的资源转化

EPIP 教学团队，在赛项资源转化中，探索了"将竞赛理念、内容、考核方式融入日常教学，将现代生产流程、技术标准、服务规范引入实践教学，将生产过程和教学过程结合"的教学资源转化模式，建设了指向技能赛项对应装置、兼顾通用适用的学习资源，基于技能赛项所对应专业的综合性实践教学资源，衔接国际技能赛项和教师学生开展赛项活动服务资源。

教学资源建设立足于实际工程的"真度"、技术应用的"深度"、创新空间的"广度"、学习资源的"厚度"、软硬结合的"密度"、虚拟仿真的"效度"、教学过程的"乐度"和全面培养的"适度",教学团队首创、探索并遵循这"八度法则",开发综合实训教学的教学资源。

① 教学资源开发定位和形式

基于 EPIP 教学模式、基于真实工程实践,开发面向技能大赛、服务先进制造类专业综合职业能力培养的立体化教学资源,增加职业岗位所需要的现场环境、运行管理方式的介绍,以激发学生的学习兴趣和职业意识;编写图文并茂,以图载文,通过丰富的图表,可以使学生直观了解各种型号的设备和器件,形象清晰地展示技术要点,使教学资源体现科学性、时代性、趣味性、可教性和可学性的特点。

② 教学资源开发架构和内容

立体化教学资源由竞赛训练装备、彩色纸质教材、数字资源光盘、专题教学网站等四部分组成。彩色纸质教材以完成国赛项目为线索,采用工程实践导向、真实任务驱动的模式编写,由点到面,从局部到整体,由简渐繁,通过小任务(项目)学习专项技术,通过大任务(项目)学习技术综合应用。

教学指导、专业标准、精品课件、典型视频、题库案例、工程实景、工具器件、实训条件、教师参考、学习拓展等音视频文案资料放入配套的数字资源光盘中,使得学生在使用教材时,可有的放矢地进行资讯,制定工作计划,从教师为中心向学生为中心转换。

③ 教学资源适合教学法运用

教学资源充分适应现代教学方法和教学手段的运用，按照工程化、实践性、创新型、项目式，应用了项目化教学及小组式工作。

每一个项目按照任务提出、信息资讯、步骤制定、材料准备、电路设计、机械装配、程序流程、项目验收、项目拓展等真实工作流程组织编写。在项目拓展部分，让学生以小组为单位完成一个创新项目，实现综合实训与综合设计的系统衔接，培养学生的创新意识和能力。

④ 教学资源国际化推广应用

教学团队在竞赛内容与装备设计中，融入国际要素，开发国际通用性教学装备，强化了国际通用的"工艺考核、过程考核、功能考核和素养考核"融合渗透，为赛项资源、教学资源国际化奠定了基础。

2010 年以来，"自动化生产线安装与调试"赛项分别成为第八届、第九届、第十届、第十一届、第十二届东盟技能大赛正式指定赛项，其竞赛设备、竞赛内容和标准均采纳中国的标准。以工程实践创新项目（EPIP）教学模式应用为核心内容的成果，获得中国职业教育领域的首个国家教学成果"特等奖"，EPIP 成为中国职业教育的话语体系和重要标识。

第三篇 ▼

国赛寻踪

引 语

按照《国务院关于大力发展职业教育的决定》关于要"定期开展全国性的职业技能竞赛活动"的要求，2008 年，教育部和天津市人民政府、人力资源和社会保障部、农业部、国务院扶贫办、住房和城乡建设部、交通运输部、工业和信息化部、中华全国总工会、共青团中央和中华职教社等 11 部委办于 6 月 27 日—30 日在天津市举办了首届全国职业院校技能大赛。

时任中共中央政治局委员、国务委员刘延东，中共中央政治局委员、天津市委书记张高丽等领导出席大赛开幕式；时任全国人大常委会副委员长陈至立、教育部部长周济出席大赛闭幕式。来自全国 37 个省、自治区、直辖市、计划单列市和新疆生产建设兵团的 2000 余名选手参加了竞赛项目的角逐。

一、首届大赛呈现四种价值

2008 年首届大赛结束之后，笔者作为亲历者、参与者、策划者与执行者，深入思考首届大赛的赛项专业特色与竞赛功能价值，撰文发表《谈 2008 年全国职业院校技能大赛专业特色和价值内涵》，提出了首届大赛的四种价值，现在看来还有很强的现实意义，摘编其中部分内容。

1. 推动质量提高的教育价值

在赛项的设定上，体现现代制造业、高新技术产业和文化创意产业的发展要求，突出技术技能含量的高与新；在设备的选择上，具有民族性、主流性、先进性、兼容性、发展性等特点；在标准的制订上，体现科学适用、理论联系实际、手脑并举、基础与创新兼顾、强调策略技能及技术综合运用等原则；在评委的挑选上，选取行业企业的技术能手、德高望重的技能大师、点石成金的能工巧匠、院校"双师型"的素质教师。这些宝贵资源通过大赛这个载体，无疑能形成质量品牌效应和示范辐射效应。

2. 探索制度突破的创新价值

技能大赛落户天津，每年在天津举办一次全国职业院校技能大赛，并将其制度化、固定化，形成"普通教育有高考，职业教育有大赛"两条平行轨道、两种教育类型的制度设计，是我国教育改革的一项制度创新，更是职业教育在人才评价机制和选拔机制上的一次有益尝试。将技能大赛的激励机制与市场经济的竞争机制结合起来，将检验技能教学的评价机制与企业优先选用获奖者的用人机制联系起来，将职业院校培养过程的育人机制与行业企业使用过程的用工机制协调起来，还有多方合作、共同参与的沟通机制以及校企合作、工学结合的培养机制等，都将通过大赛体现其生命力，构成中国特色高等职业教育的组成部分。

3. 实现多元互动的聚合价值

中央和地方互动：天津市作为我国首个国家职业教育改革试验区，一项重要的举措就是与教育部联手举办每年一度的职业技能大赛，大赛基地及其建设功效长久、任重道远、前景光明。部门联合互动：技能大赛犹如合作链，教育、劳动、交通、公安、卫生、体育、旅游、电力、商业等部门，就像是相互关联的一个链条，环环相扣、密不可分，大赛是一个多元素组成的系统工程。校企合作互动：在产教结合、校企合作、就业准入、顶岗实习等公认的语境下，技能大赛得到社会广泛参与和企业高度关注，"企业积极支持大赛，大赛人才回报企业"，恰好是学校与企业直接对接、多点契合、实现双赢的最佳时机。多元整合互动："政府主导、行业统筹，企业支持，院校参加"的运作原则，使大赛成为政府—行业—企业—社会—职业院校实现良性互动的重要实践典范。

职业技能大赛设置了三个板块，分别是"2008年全国职业院校技能大赛""2008年中国职业教育改革与发展高峰论坛""中国职业教育现代教学仪器设备展"，三大板块齐头并进，相辅相成，相互关联；论坛环节的设立是我国职业教育追求"理论创新""理论指导实践""加强内涵建设"的一种体现，它冲击、触动与会专家和代表的思想，引发人们更深入的思索、交流、甚至争论，吸引全社会对于职业教育的关注和研究；设备展环节的设立是我国职业教育"重视实践教学、强化技能培养"理念的缩影，实践教学离不开仪器设备的支撑，实践性教学在职业教育中占据决定性的地位，甚至是职业教育的灵魂。

4. 助推职教发展的社会价值

职业技能大赛意义重大而深远，促进职业教育又好又快发展，推动高素质技术技能人才又好又快成长是其最根本的目的。由于中国传统的"官本位""学而优则仕"等思想的根深蒂固，职业教育在整个教育序列中，并没有相当于普通教育的对等地位，这是我国教育发展的缺陷。大赛具有宣传力：宣传人力资源开发与人才强国战略，宣传培养、使用及激励高技能人才规划，宣传尊重劳动、尊重技能、重视职业教育的人才观和教育观；大赛具有号召力：号召全社会支持和参与职业教育，号召企业家关注新增技能人才的素质及其人力资本投入，号召各地把大赛作为展示技能、促进改革和提高人才培养质量的重要机遇；大赛具有激发力：激发企业慧眼识真才，激发学校培养"信得过、挑得上、干得好"的优秀人才，激发全社会追技能人才之"星"；大赛具有推动力：推动社会"重普轻职""重学轻工"观念的根本性转变，推动高等职业教育产学结合的人才培养模式的变革，从而实现快速健康可持续发展。

二、天津一城·起航远行（2008—2011 前四届）

本书主要描述 2008 年至 2019 年的十二届次大赛，也是机缘巧合，依照天津一城，主分共举和周赛并线为时段主轴，可以很恰合地将这十二届大赛分为前四届、中四届和近（后）

四届，也体现了大赛不断发展壮大的历史进程。

2008 年—2011 年的前四届大赛，天津作为大赛唯一的举办城市，做出了重大贡献，创造性落实了国家对于"职业教育有大赛"这项制度设计，实现了大赛的从无到有，从有到优，使大赛制度落地生根，开花结果。

1. 2008 年全国职业院校技能大赛

2008 年 6 月 27 日—30 日，由教育部和天津市人民政府、劳动和社会保障部、人事部、建设部、交通部、信息产业部、农业部、国务院扶贫办、中华全国总工会、共青团中央、中华职教社等 11 家单位共同主办的首届全国职业院校技能大赛在天津举行。来自全国 37 个省、自治区、直辖市、计划单列市和新疆生产建设兵团的 2080 名参赛选手进行 10 个专业类别的 24 个竞赛项目的比赛。

6 月 27 日，首届大赛在南开大学体育馆开幕。时任中共中央政治局委员、国务委员刘延东，中共中央政治局委员、天津市委书记张高丽共同为大赛启幕，标志着我国的国赛制度正式拉开了帷幕。时任教育部部长周济在开幕式上发表讲话。开幕式上进行了"拥抱未来"的文艺展演。

2008 年中国职业教育改革与发展高峰论坛、第六届全国职业教育现代技术装备展览会在天津同期举行。

6月30日，大赛在天津大礼堂落下帷幕，时任全国人大常委会副委员长陈至立，教育部部长周济等出席，闭幕式由时任天津市副市长张俊芳主持。

2. 2009年全国职业院校技能大赛

2009年6月27日—30日，由教育部和天津市人民政府、人力资源和社会保障部、住房和城乡建设部、交通运输部、农业部、国务院扶贫办、中华全国总工会、共青团中央和中华职业教育社等10家单位共同主办的第二届全国职业院校技能大赛在天津隆重开幕，来自全国37个省、自治区、直辖市和新疆生产建设兵团、计划单列市的3045名选手参加了12个专业大类35项比赛。6月26日，时任中共中央政治局委员、国务委员刘延东视察竞赛活动，勉励师生以优异的成绩迎接新中国成立60周年。

全国中等职业学校德育工作会议、第七届全国职业教育现代技术装备及教材展览会在天津同期举行。

6月30日，大赛在天津大礼堂落下帷幕，时任中共中央政治局委员、天津市委书记张高丽，全国政协副主席张榕明，教育部部长周济，教育部副部长鲁昕等出席，闭幕式由时任天津市副市长张俊芳主持。

3. 2010 年全国职业院校技能大赛

2010 年 6 月 25 日—27 日，由教育部、天津市人民政府、人力资源和社会保障部、工业和信息化部、住房和城乡建设部、交通运输部、农业部、文化部、卫生部、国务院扶贫办、中华全国总工会、共青团中央、中华职业教育社、中国职业技术教育学会、中国机械工业联合会、中国物流与采购联合会等 16 家单位共同主办的第三届全国职业院校技能大赛在天津隆重举行。来自全国 37 个省、自治区、直辖市和新疆生产建设兵团、计划单列市的 4084 名选手参加了 14 个专业类别的 42 项比赛。

全国中等职业学校德育工作表彰会暨经验交流会、首届中国天津职业教育国际论坛、2010 年全国中等职业学校学生技能作品展洽会、全国职业院校学生文艺作品调演晚会、第八届全国职业教育现代技术装备展览会、2010 年全国职业院校技能大赛高职组参赛选手观摩及现场招聘会 6 项活动在天津同期举行。

6 月 27 日，大赛在天津大礼堂落下帷幕，时任中共中央政治局委员、国务委员刘延东，中共中央政治局委员、天津市委书记张高丽，全国政协副主席、民建中央第一副主席张榕明，教育部部长袁贵仁等出席，袁贵仁部长发表讲话，闭幕式由时任教育部副部长鲁昕主持。

4. 2011 年全国职业院校技能大赛

2011 年 6 月 24 日—27 日，由教育部、天津市人民政府、人力资源和社会保障部、工业和信息化部、住房和城乡建设部、交通运输部、农业部、文化部、卫生部、国务院扶贫办、中华全国总工会、共青团中央、中华职业教育社、中国职业技术教育学会、中国机械工业联合会、中国物流与采购联合会 16 家单位共同主办的第四届全国职业院校技能大赛在天津举行。来自全国 37 个省、自治区、直辖市、计划单列市的 5038 名选手参加了 16 个专业类别 55 项比赛。

2011 年全国职业院校学生技能作品展洽会、2011 年民族地区职业院校学生才艺展示、职业教育改革发展暨国家示范高职院校建设四周年成果展示会、第九届全国职业教育现代技术装备暨职业教育创新教材展览会、"永远跟党走"职业学校育人事迹报告会、促进中等和高等职业教育协调发展座谈会、2011 年全国职业院校技能大赛获奖选手招聘会、全国职业教育科研工作会议、"永远跟党走"民族地区职业院校学生才艺汇报演出、东西部职业教育合作办学签约仪式 10 项活动在天津同期举行。

6 月 27 日，大赛在天津大礼堂落下帷幕，时任中共中央政治局委员、国务委员刘延东出席闭幕式并讲话，时任中共中央政治局委员、天津市委书记张高丽，全国政协副主席张榕明等出席，闭幕式由时任教育部副部长鲁昕主持。

三、主分共举·风生水起（2012—2015 中四届）

2012 年—2015 年的四届大赛，推进了大赛成果的辐射，在成功举办前四届大赛基础上，进入到拓展举办城市阶段。2012 年大赛预备会上，教育部正式提出设置分赛区的改革思路，大赛形成主—分赛区的办赛格局，实现了大赛从小到大。

1. 2012 年全国职业院校技能大赛

2012 年 6 月 26 日—29 日，由教育部、天津市人民政府、工业和信息化部、财政部、人力资源和社会保障部、住房和城乡建设部、交通运输部、农业部、文化部、卫生部、国务院国有资产监督管理委员会、国家旅游局、国家中医药管理局、国务院扶贫办、中华全国总工会、共青团中央、中华职业教育社、中国职业技术教育学会、中华全国供销合作总社、中国机械工业联合会、中国有色金属工业协会、中国石油和化学工业联合会、中国物流与采购联合会 23 家单位联合主办的第五届全国职业院校技能大赛在天津主赛区和江苏、山东、山西、吉林、浙江、安徽、河南、贵州、广东、河北10个分赛区全面展开，全国9018名选手参加了18个专业大类的96个比赛项目。

全国职业院校德育创新暨校园文化建设工作座谈会、2012年民族地区职业院校教学成果展演、2012年全国职业院校学生技能作品展洽会、2012年全国职业院校技能大赛参赛选手招聘会4项活动在天津同期举行。

6月29日，大赛闭幕式暨颁奖仪式在天津海河教育园区体育馆举行，时任中共中央政治局委员、国务委员刘延东致信祝贺。时任中共中央政治局委员、天津市委书记张高丽，全国政协副主席、中华职业教育社理事长张榕明，教育部副部长鲁昕等出席，鲁昕副部长发表讲话，闭幕式由时任天津市副市长张俊芳主持。

2. 2013年全国职业院校技能大赛

2013年5月25日—6月28日，由教育部、天津市人民政府、科学技术部、工业和信息化部、国家民族事务委员会、民政部、财政部、人力资源和社会保障部、国土资源部、环境保护部、住房和城乡建设部、交通运输部、水利部、农业部、商务部、文化部、国务院国有资产监督管理委员会、国家旅游局、国家测绘地理信息局、国家中医药管理局、国务院扶贫开发领导小组办公室、中华全国总工会、共青团中央、中华职业教育社、中国职业技术教育学会、中华全国供销合作总社、中国机械工业联合会、中国有色金属工业协会、中国石油和化学工业联合会、中国物流与采购联合会、中国纺织工业联合会共 31 家单位联合主办的第六届全国职业院校技能大赛在天津主赛区和江苏、山东、山西、吉林、浙江、安徽、河南、贵州、广东、河北、宁波、大连、甘肃、福建、广西 15 个分赛区陆续展开，全国共有 9171 名选手参加了 15 个专业大类 100 项比赛。

全国职业院校技能大赛成果展、"我的中国梦"主题演讲会、全国职业院校学生技能作品展洽会、第十一届全国职业教育现代技术装备展览会、全国职业院校技能大赛获奖选手招聘会、2013 年民族地区职业院校学生技艺比赛展演 6 项活动在天津同步举行。

6 月 28 日，大赛闭幕式在天津海河教育园区体育馆举行。时任中共中央政治局委员、国务院副总理刘延东出席闭幕大会并讲话。时任中共中央政治局委员、天津市委书记孙春兰，全国政协副主席王正伟等出席，闭幕式由时任教育部副部长鲁昕主持。

3. 2014 年全国职业院校技能大赛

2014 年 5 月 31 日—6 月 27 日，由教育部、天津市人民政府、科学技术部、工业和信息化部、国家民族事务委员会、民政部、财政部、人力资源和社会保障部、国土资源部、环境保护部、住房和城乡建设部、交通运输部、水利部、农业部、商务部、文化部、国务院国有资产监督管理委员会、国家旅游局、国家测绘地理信息局、国家中医药管理局、国务院扶贫开发领导小组办公室、中华全国总工会、共青团中央、中华职业教育社、中国职业技术教育学会、中华全国供销合作总社、中国机械工业联合会、中国有色金属工业协会、中国石油和化学工业联合会、中国物流与采购联合会、中国纺织工业联合会 31 家单位联合主办的第七届全国职业院校技能大赛在天津主赛区和北京、山西、吉林、江苏、浙江、安徽、山东、河南、广东、重庆、甘肃、广西 12 个分赛区举行，全国共有 9843 名选手参加了 14 个专业大类的 94 个比赛项目。

全国职教系统培育和践行社会主义核心价值观座谈会、中英职业教育"影子校长"圆桌会、2014 年全国职业院校技能大赛参赛选手就业洽谈会、2014 年中华优秀传统文化技艺表演赛 4 项活动在天津同期举行。

6 月 27 日，大赛闭幕式在天津海河教育园区体育馆举行。

时任中共中央政治局委员、天津市委书记孙春兰，中华职业教育社理事长张榕明，教育部部长袁贵仁，教育部副部长鲁昕等出席，袁贵仁部长发表讲话，闭幕式由时任教育部副部长鲁昕主持。

4. 2015 年全国职业院校技能大赛

2015 年 7 月 2 日—7 月 4 日，由教育部、天津市人民政府、科学技术部、工业和信息化部、国家民族事务委员会、民政部、财政部、人力资源和社会保障部、国土资源部、环境保护部、住房和城乡建设部、交通运输部、水利部、农业部、商务部、文化部、国务院国有资产监督管理委员会、国家旅游局、国家测绘地理信息局、国家中医药管理局、国务院扶贫开发领导小组办公室、中华全国总工会、共青团中央、中华职业教育社、中国职业技术教育学会、中华全国供销合作总社、中国机械工业联合会、中国有色金属工业协会、中国石油和化学工业联合会、中国物流与采购联合会、中国纺织工业联合会 31 家单位联合主办的第八届全国职业院校技能大赛在天津主赛区和北京、江苏、山东、山西、吉林、浙江、安徽、河南、贵州、广东、河北、甘肃、广西、重庆、湖北、青岛 16 分赛区举行，来自全国 10939 名选手参加了 15 个专业大类的 98 个比赛项目。

贯彻落实《中等职业学校德育大纲（2014年修订）》座谈会、现代学徒制国际研讨会、2015年全国职业院校技能大赛参赛选手就业洽谈会、职业院校国际化专业教学成果分享活动、职业教育现代技术装备及教材演示说明活动、全国职业院校技能大赛博物馆参观活动、全国职业院校学生技术技能创新成果交流赛、"口腔医学技术"表演赛、2015年中华优秀文化传统艺术表演赛9项活动在天津同期举行。

7月4日，大赛闭幕式在天津海河教育园区体育馆举行，时任中共中央政治局委员、国务院副总理刘延东出席闭幕式并发表讲话，全国政协副主席、中华职教社副理事长马培华，教育部部长袁贵仁，教育部副部长鲁昕等出席，闭幕式由时任教育部部长袁贵仁主持。大赛期间，刘延东副总理考察全国职业院校技能大赛博物馆，见证教育部与天津市政府签署"国家现代职业教育改革创新示范区"协议。

2015年7月4日，在天津海河教育园区青年职业学院（现为天津职业大学海教园校区）举行全国职业教育改革试验区（示范区）联盟成立大会暨联盟理事会第一次会议。时任教育部职成司司长葛道凯，巡视员王继平、刘宝民、刘宏杰以及全国10+1职业教育改革试验区、示范区的负责同志出席。成立大会上，葛道凯、王继平、刘宏杰先后就联盟工作意义、工作内容及工作重点进行了部署并宣布联盟成立。联盟全体成员审议通过《联盟章程》，并推举吕景泉出任联盟理事长。联盟各成员单位汇报了各试验区职业教育改革发展的情况。会上，教育部职业技术教育中心研究所、中国现代职教网有关同志介绍了职业教育评估和联盟网络信息共享宣传平台建设情况。

四、周赛并线·叠羽化仙（2016—2019 近四届）

2016 年—2019 年的四届大赛，大赛作为重要内容整体并入职业教育活动周举办，大赛同期活动更加丰富多彩，整体赛事吸引力和影响力得以全面增强，人才培养、产教融合、社会服务、国际合作、职继协同、普职融通等功能更加凸显，实现了大赛从大到强。

1. 2016 年全国职业院校技能大赛

2016 年 5 月 8 日—6 月 8 日，由教育部、天津市人民政府、国家发展和改革委员会、科学技术部、工业和信息化部、国家民族事务委员会、民政部、财政部、人力资源和社会保障部、国土资源部、环境保护部、住房和城乡建设部、交通运输部、水利部、农业部、商务部、文化部、国家卫生和计划生育委员会、国务院国有资产监督管理委员会、国家安全生产监督管理总局、国家旅游局、国家粮食局、国家测绘地理信息局、中国民用航空局、国家中医药管理局、国务院扶贫开发领导小组办公室、中华全国总工会、共青团中央、中华职业教育社、中国职业技术教育学会、中华全国供销合作总社、中国机械工业联合会、中国有色金属工业协会、中国石油和化学工业联合会、中国物流与采购联合会、中国纺织工业联合会、中国煤炭工业协会 37 家单位联合主办的第九届全国职业院校技能大赛在天津主赛区和北京、江苏、山东、山西、吉林、浙江、安徽、河南、广东、宁波、甘肃、福建、重庆、湖北、青岛 15 个分赛区举行，来自全国的 12042 名选手参加了 17 个专业大类 75 个比赛项目。

2016 年中华优秀文化传统艺术表演赛、首届中国职教现代化论坛暨第二届全国职业教育科研院（所）联席会议、第五届自动化生产线安装与调试国际挑战赛、现代学徒制实践成果分享会、高职院校国际化专业教学成果交流赛、2016 年电脑鼠走迷宫巅峰对决国际邀请赛、2016 年工程实践创新项目东盟六国、津台两地交流研讨活动、"国赛"对接"市赛"——第三届职业院校国际赛事研讨会、"聚焦创新创业、引领人才发展"——创新创业英才大讲坛、"同在一片蓝天、携手共创梦想"——民族地区学生职业技能展示、京津冀协同发展现代职业教育·智能制造产教对接会、京津冀协同发展现代职业教育·食品安全与营养产教对接会、京津冀协同发展现代职业教育·养老服务产教对接会、全国大赛参赛选手就业洽谈会、"走进百年老号、感受精湛技艺"——中华老字号企业开放体验、"大赛点亮人生、技能成就梦想"——全国职业院校技能大赛博物馆参观活动、特色"生态文化、海洋文化、制造文化、商务文化"体验游、"传承鲁班精神、感受匠人匠心"——中华优秀传统文化百姓大讲堂18项活动在天津同期举办。

5月8日，职业教育活动周全国启动仪式暨大赛开幕式在天津海河教育园区机电职业技术学院体育馆举行，时任中共中央政治局委员、国务院副总理刘延东出席并发表讲话，时任全国政协副主席罗富和、教育部部长袁贵仁等出席，开幕式由时任教育部部长袁贵仁主持。

大赛开幕式之前，时任教育部副部长朱之文和天津市副市长曹小红共同为国字号建设项目"国家职业教育中西部地区师资培训中心"揭牌启运。

2. 2017 年全国职业院校技能大赛

2017年5月8日—6月29日，由教育部、天津市人民政府、国家发展和改革委员会、科学技术部、工业和信息化部、国家民族事务委员会、民政部、财政部、人力资源和社会保障部、国土资源部、环境保护部、住房和城乡建设部、交通运输部、水利部、农业部、商务部、文化部、国家卫生和计划生育委员会、国务院国有资产监督管理委员会、国家安全生产监督管理总局、国家旅游局、国家粮食局、国家测绘地理信息局、中国民用航空局、国家中医药管理局、国务院扶贫开发领导小组办公室、中华全国总工会、共青团中央、中华职业教育社、中国职业技术教育学会、中华全国供销合作总社、中国机械工业联合会、中国有色金属工业协会、中国石油和化学工业联合会、中国物流与采购联合会、中国纺织工业联合会、中国煤炭工业协会37家单位联合主办的第十届全国职业院校技能大赛在天津主赛区和吉林、江苏、浙江、安徽、福建、江西、山东、河南、湖北、湖南、广东、广西、重庆、四川、贵州、云南、陕西、甘肃和青岛19个分赛区举行，来自全国的13922名选手参加了81个常规赛项和4个行业特色赛项的比赛。

中华优秀文化传统艺术表演赛、"精彩十年"——全国职业院校技能大赛成果参观活动、"中国制造2025"现代职业教育·装备制造业产教对接会——暨京津冀现代制造业职教集团成立大会、"脱贫攻坚·职教帮扶"协同创新发展论坛——国家示范区职业教育东西部协作行动计划建设展示、"一带一路"现代职业教育"鲁班工坊"国际交流活动——国家示范区职业教育国际化进程成果展示、"职继协同、双周推动"服务终身学习职教集团十年建设展示——暨国家现代职业教育改革创新示范区建设推动会、全国大赛获奖选手就业洽谈会、第六届自动化生产线安装与调试国际挑战赛、职业教育国际研讨会、2017年电脑鼠走迷宫（IEEE）国际邀请赛、安教乐道·现代职业教育之品——暨天津职业院校推进"五风建设"交流会、全国无人机应用技术军民融合发展论坛、中泰职业教育活动周（渤海）暨中国·东盟职业院校学生作品展、京津冀中职学校"餐饮服务"学生技能大赛、"我与大赛的故事"——全国职业院校技能大赛获奖师生优秀事迹分享会、京津冀中职学校"会计电算化"教师技能大赛、"国赛"对接"世赛"——第四届职业院校国际赛事合作交流研讨会、"弘扬工匠精神、振兴民族品牌"——津门老字号企业走进大赛产品展示活动、国际化专业教学标准课堂教学竞赛、天津市城郊职成教育集团成立大会20项活动在天津同期举行。

5月8日，职业教育活动周全国启动仪式暨大赛开幕式在天津海河教育园区体育馆举行。开幕式前，中共中央政治局常委、国务院总理李克强为第十届全国职业院校技能大赛做出重要批示。时任中共中央政治局委员、国务院副总理刘延东出席开幕式，传达李克强总理重要批示并发表讲话。中共中央政治局委员、天津市委书记李鸿忠，教育部部长陈宝生，时任天津市市长王东峰，教育部副部长李晓红等出席，开幕式由教育部部长陈宝生主持。

大赛开幕式之前，刘延东副总理参观大赛"精彩十年"成就展，接见历届大赛获奖师生、合作企业代表，之后又参观"一带一路"现代职业教育"鲁班工坊"建设纪实展，与鲁班工坊建设团队成员亲切交流并对"鲁班工坊"给予充分肯定。

5月7日，时任教育部副部长李晓红和天津市副市长曹小红在海河教育园区商务职业学院国赛博物馆，共同为"全国职业院校技能大赛成果转化中心""国家职业教育教学资源开发与制作中心"两个国字号建设项目揭牌启运。

3. 2018 年全国职业院校技能大赛

2018 年 5 月 6 日—6 月 30 日，由教育部、天津市人民政府、国家发展和改革委员会、科学技术部、工业和信息化部、国家民族事务委员会、民政部、财政部、人力资源和社会保障部、自然资源部、生态环境部、住房和城乡建设部、交通运输部、水利部、农业农村部、商务部、文化和旅游部、国家卫生健康委员会、应急管理部、国务院国有资产监督管理委员会、国家粮食和物资储备局、中国民用航空局、国家中医药管理局、国务院扶贫开发领导小组办公室、中华全国总工会、共青团中央、中华职业教育社、中国职业技术教育学会、中华全国供销合作总社、中国机械工业联合会、中国有色金属工业协会、中国石油和化学工业联合会、中国物流与采购联合会、中国纺织工业联合会、中国煤炭工业协会35家单位联合主办的第十一届全国职业院校技能大赛在天津主赛区和北京、山西、内蒙古、辽宁、吉林、江苏、浙江、安徽、福建、山东、河南、湖北、湖南、广东、重庆、四川、云南、陕西、甘肃、宁夏、青岛、宁波22个分赛区举行。来自全国的15625名选手参加了74（按小项计为76项）个常规赛项，8个行业特色赛项。

中华优秀传统文化艺术表演赛、改革开放40年中国职业教育成就展、"一带一路"职业教育鲁班工坊建设纪实展、"脱贫攻坚·职教帮扶"职教东西协作成果展示、"职继协同·双周推动"构建学习型城市成果展示、全国职业院校技能大赛博物馆展示交流活动、"国赛"对接"世赛"第五届职业院校国际赛事合作交流活动、2018年职业教育国际研讨会、"姜大源教育名家工作室"揭牌仪式暨职业教育名家高峰论坛、"中国制造2025"先进装备制造业产教对接高峰论坛、EPIP国际教育联盟论坛、"安教乐道"职业院校师德师风建设研讨活动、京津冀职业教育教学协同发展联盟天津论坛、京津冀职业院校思政课程教学成果交流展示、"传承班墨文化"青少年职业生涯开蒙仪式、职业教育国际化专业教学标准建设成果展示和体验、京津冀"现代物流"专业对接产业峰会暨智慧物流展示活动、全国大赛获奖选手就业洽谈会、"脱贫攻坚·职教帮扶"第二届东西协同创新发展论坛、全国职业院校信息化教学大赛获奖教师技艺技能展示、"一带一路"职业教育金属冶炼专业国际交流展示等21项活动在天津同期举行。

5月6日，职业教育活动周全国启动仪式暨大赛开幕式在天津海河教育园区体育馆举行，中共中央政治局委员、国务院副总理孙春兰出席并发表讲话。中共中央政治局委员、天津市委书记李鸿忠，教育部部长陈宝生，时任天津市市长张国清，副部长孙尧等出席，开幕式由教育部部长陈宝生主持。

大赛开幕式之后，中共中央政治局委员、国务院副总理孙春兰视察鲁班工坊建设体验中心，接见泰国、英国、印度、巴基斯坦、柬埔寨、吉布提等"鲁班工坊"中外建设团队，她指出，借助"鲁班工坊"这一载体将中国职业技术传播到国外，服务"一带一路"倡议，值得充分肯定。

孙春兰在天津期间还考察了天津轻工业职业技术学院、城市职业学院、第一商业学校、职业技术师范大学，并召开职业教育工作座谈会，听取有关省市、行业企业和职业院校师生的意见建议。

大赛开幕式之前，在天津海河教育园区轻工职业技术学院，教育部副部长孙尧和天津市委常委、市委宣传部部长陈浙闽共同为"国家职业教育质量发展研究中心"国字号建设项目揭牌启运。

4. 2019 年全国职业院校技能大赛

2019 年 5 月 6 日—6 月 30 日，由教育部、天津市人民政府、国家发展和改革委员会、科学技术部、工业和信息化部、国家民族事务委员会、民政部、财政部、人力资源和社会保障部、自然资源部、生态环境部、住房和城乡建设部、交通运输部、水利部、农业农村部、商务部、文化和旅游部、国家卫生健康委员会、应急管理部、国务院国有资产监督管理委员会、国家粮食和物资储备局、中国民用航空局、国家中医药管理局、国务院扶贫开发领导小组办公室、中华全国总工会、共青团中央、中华职业教育社、中国职业技术教育学会、中华全国供销合作总社、中国机械工业联合会、中国有色金属工业协会、中国石油和化学工业联合会、中国物流与采购联合会、中国纺织工业联合会、中国煤炭工业协会 35 家单位联合主办的第十二届全国职业院校技能大赛在天津主赛区和北京、山西、内蒙古、吉林、江苏、浙江、安徽、福建、山东、河南、湖北、湖南、广东、广西、重庆、贵州、云南、陕西、甘肃、宁夏、青岛 21 个分赛区举行，来自全国 17450 名选手参加了 82 个常规赛项（按小项计为 84 项），5 个行业特色赛项。

国家现代职业教育改革创新示范区思想政治教育实践基地体验活动、"安教乐道·铸魂育人"、国家级教学成果奖交流展示和推广应用活动、《国家职业教育改革实施方案》座谈会、首届全国 1+X 证书制度高峰论坛——"产业、行业、企业、职业、专业"五业联动对接会、"人工智能背景下展望职业教育未来"五业联动高端讲堂、京津冀协同发展"现代服务业"产教对接会暨"人工智能 + 现代物流"技术产品展示活动、瑞士 GF 模具产业学院揭牌仪式及精密制造校企合作成果展示、"鲁班工坊"与产教融合国际论坛、鲁班工坊建设·体验馆观摩活动、第三届"EPIP 工程实践创新项目"国际教育论坛、2019 第四届 IEEE 电脑鼠走迷宫国际邀请赛暨 2020 年世界 APEC 电脑鼠大赛中国选拔赛、第八届自动化生产线安装与调试国际邀请赛、学前教育国际化专业教学标准交流展示活动、"脱贫攻坚·职教帮扶"工作纪实展、京津冀地区 ARE 企业模拟经营挑战赛、终身学习成果综合展示体验活动、"职继协同优质发展 推动学习型城区建设"城市职教集团建设展示、全国职业院校技能大赛博物馆综合体验活动、传承班墨文化——学子归叙发展、亲子悟劳动美普职融通教育活动、创

意城市 设计之都——优秀艺术应用技术设计作品展、弘扬工匠精神 助力创新发展——第二届"匠心·创新"论坛、安全·知识·科技——安全教育基地综合体验活动、全国大赛获奖选手就业洽谈会24项活动在天津同期举行。

5月11日，教育部在天津举办了《国家职业教育改革实施方案》座谈会，教育部副部长孙尧出席并主持会议，天津市委常委、市委宣传部部长陈浙闽，天津市副市长曹小红出席会议。教育部职成司、职教中心所以及全国各省、自治区、直辖市代表50余人与会。

链接3-1：职业教育活动周寻踪

在习近平新时代中国特色社会主义思想引领和指导下，我国职业教育发展进入新时代，开启新征程。2015年4月17日，国务院决定将每年5月第二周设为"职业教育活动周"。这是贯彻落实习近平总书记重要指示和全国职业教育工作会议精神的重要举措；是加快发展现代职业教育，提升职业教育社会影响力的重要制度设计；是弘扬劳动光荣、技能宝贵、创造伟大的时代风尚，营造良好社会氛围的重要平台。

中共中央政治局常委、国务院总理李克强做出重要批示，批示指出：加快发展现代职业教育，是发挥我国巨大人力优势，促进大众创业、万众创新的战略之举。"职业教育活动周"的设立，目的是要在全社会弘扬劳动光荣、技能宝贵、创造伟大的时代风尚，形成"崇尚一技之长、不唯学历凭能力"的良好氛围。要坚持以提高质量、促进就业、服务发展为导向，注重改革创新，深化产教融合，推动职业教育发展实现新跨越，进一步培养形成高素质的劳动大军，进一步提高中国制造和服务的水平，进一步增强产业国际竞争力，促进经济保持中高速增长、迈向中高端水平和民生不断改善。

首届职业教育活动周由教育部主办，时间为2015年5月11日—5月17日，活动主题为"发展职业教育 成就出彩人生"。5月10日上午，首届"职业教育活动周"在北京交通运输职业院校举行全国启动仪式，时任中共中央政治局委员、国务院副总理刘延东出席启动仪式并讲话。

2016年职业教育活动周由教育部、中共中央宣传部、人力资源和社会保障部3家单位共同主办，时间为5月8日—14日，活动主题为"弘扬工匠精神 打造技能强国"，启动仪式于5月8日在天津举行，时任中共中央政治局委员、国务院副总理刘延东出席并讲话。

2017年职业教育活动周由教育部、中共中央宣传部、人力资源和社会保障部、工业和信息化部、共青团中央、中华职业教育社 6 家单位共同主办，时间为 5 月 7 日—13 日，活动主题为"共筑职教梦 喜迎十九大"，启动仪式于 5 月 8 日在天津举行，时任中共中央政治局委员、国务院副总理刘延东出席并讲话。

2018 年职业教育活动周由教育部、中宣部、中共中央网信办、人力资源和社会保障部、工业和信息化部、农业农村部、中华全国总工会、共青团中央、中华职业教育社 9 家单位共同主办，时间为 5 月 6 日—12 日，活动主题为"职教改革四十年 产教融合育工匠"，启动仪式于 5 月 6 日在天津举行，中共中央政治局委员、国务院副总理孙春兰出席并讲话。

2019 年职业教育活动周由教育部、中共中央宣传部、中共中央网信办、人力资源和社会保障部、工业和信息化部、农业农村部、国资委、全国总工会、共青团中央、中华职业教育社 10 家单位共同主办，时间为 5 月 6 日—12 日，活动主题为"迎祖国七十华诞 展职教时代风采"。

链接 3-2：大赛主赛区衍生的职业教育"国字号"

1. 全国职业院校技能大赛博物馆

2015 年，教育部和天津市人民政府主办，教育部职成司与天津市教育委员会协办，在天津海河教育园区商务职业学院建立全国职业院校技能大赛博物馆，自 2015 年第八届大赛开始，每年大赛期间，面向社会开放。

大赛博物馆总占地面积 1200 平方米，囊括了全国各省、自治区、直辖市教育主管部门、各行指委、教指委、各职业院校及相关企业单位提供的大量珍贵原始素材、图文资料、实物展品和典型案例，展现了自大赛设立以来职业教育发展成果。

大赛博物馆分为五大展区，围绕"国家制度设计，中国职教航标；引领职教改革，教改成果丰硕；服务经济发展，助推产业升级；拓展国际视野，输出中国标准；大赛点亮人生，技能成就梦想"五大主题，以图文并茂、色块组合、声像联动多种形式，结合展板、展台、LED、触摸屏等多种载体加以呈现，不同展区用不同色块进行内容区分，与大赛统一徽标色调契合。现场还设有大赛作品展示区和互动体验区，在作品展示区，参观者可近距离观赏历届大赛和展洽会精彩作品，在互动体验区，设有机器人展示、电脑鼠走迷宫、篆刻技艺展示、中华茶艺表演、烹饪雕花、分子料理、按摩推拿等项目。大赛博物馆自 2015 年 7 月 4 日建成开馆以来，累计接待社会各界参观近 10 万人次。2017 年，新建大赛数字博物馆，通过 VR、AR 等高科技手段实现了虚拟现实效果。

2. 国家中西部地区职业教育师资培训中心

2015 年，教育部与天津市人民政府共同签署了《关于共建国家现代职业教育改革创新示范区协议》，《协议》明确提出，在天津建设"国家中西部地区职业教育师资培训中心"。

"国家中西部地区职业教育师资培训中心"标志以蓝色为基调，象征着精湛的技术技能和职业教育广阔的发展空间；中间的图形源于篆书，由"中""西"两字上下贯通，"西"字又由两个"匠"字背靠背组成，体现职业教育要培养匠人，更要孕育匠心；中西部教师通过背靠背、肩并肩的相互融通，撑起匠人匠心培育大国工匠梦想。一双手蕴含了"校+企"双元培育、"中+外"多元交流、"中+西"全元共建，共同开展师资培养培训，也表达了以智扶贫、以技扶贫、持续脱贫的美好愿景；标志外围由两个同心圆构成，意为元元相生，传承发展。

培训中心以天津海河教育园区机电职业技术学院为总部服务平台，搭建了"一主多辅"的集散式师资培养培训服务架构，聚集国内外职教领域及行业企业专家，开展围绕中西部地区职业院校骨干教师、教学团队的系统化培训工作，为实施职教帮扶、精准扶贫、可持续脱贫服务。

培训中心以"菜单式、定制式、标准式"3类服务模式，向中西部地区院校教师、教学团队输送"国内外优质师资、先进技术装备设备、优质教育教学资源、大赛成果转化资源、工程实践创新项目、校企合作共享资源、国际化专业教学标准、技术技能职业培训包和国家级教学成果奖"等9类优质资源，以及"课程设计方法、专业核心课程、典型实训课程、信息化能力提升、工程实践创新课程、综合实训课程、虚拟仿真课程、教学资源开发、通识教育课程、专业基础课程、质量检测评价方案、实训基地建设、技能赛项专题、教育教学管理、创新创业就业"等15类课程。

2016年5月8日，第九届大赛期间，时任教育部副部长朱之文与天津市副市长曹小红共同为"国家中西部地区职业教育师资培训中心"揭牌启运。

3. 国家职业教育教学资源开发与制作中心

为落实首个职业教育试验区、示范区及示范区升级版建设要求，天津市人民政府《关于加快发展现代职业教育的意见》中将"建设国家职业教育教学资源开发与制作中心"列为重点项目，力求以研发国际化专业教学标准、国家级教学资源库为依托，借助示范区校企合作、国际合作、创新创业等方面的内涵建设成果，建设高标准、专业化的教学资源，实施职业教育教学资源设计、研制、开发和制作，更好服务全国职业院校师生。

该中心标识以金属色为基调，由"果"字演化而来，用金属的"质感"寓意教学资源开发和制作对于精度、强度和硬度的要求，象征成果的水平和质量。

标识包含书籍、齿轮、螺母（象形字母 E）等要素。齿轮和螺母，代表着技术技能。E 代表着教育，也意味着信息化。书籍是知识，打开的书是 V 和 L 型，分别组合为 Vocational—Edu 和 E—learn。

齿轮和书籍通过中间的螺母带动旋转，将现场的技术与学校的知识搅拌融合，体现教学资源开发和制作要遵循教产融合、工学结合、理实一体。

该中心聚集政、行、企、校、研近百个机构，特别是 10 家国内外高端出版、数字媒体参与其中，为课程资源开发与制作、课程资源共享、课程制作与远程培训服务提供了重要支撑；建筑面积 1500 平方米，拥有先进的课程制作数字化装备，可实现线下和互联网＋的教学资源开发与制作，实现从课程资源建设、资源管理、资源推广应用及配套一体化的服务。主要包含两个部分：一是课程资源开发中心，包括实景摄影棚、虚拟演播厅、微课制作室、VR资源制作、3D资源制作、录音室、录播教室、实训课程资源外拍等；二是公共支撑服务中心，包含智能会议室、研讨室、课程展示体验室、技术开发室等。中心服务总平台设在天津海河教育园区机电职业技术学院。

2017年5月8日，第十届大赛期间，时任教育部副部长李晓红与天津市副市长曹小红共同为"国家职业教育教学资源开发与制作中心"揭牌启运。

4. 全国职业院校技能大赛成果转化中心

以天津国家现代职教改革创新示范区（大赛主赛区）为平台，在教育部职业教育与成人教育司指导下，依托全国职业院校技能大赛工作委员会，聚集全国相关行指委、职教研究机构、行业企业和院校力量，创设全国职业院校技能大赛

标识中齿轮书籍围合、双手书籍对合，寓意德技双育、理实一体、产教融合、工学结合、国际对接。

齿轮（数字化e）的双型一体，象征工业化与信息化结合，实施互联网＋职业教育的大赛成果转化，也代表职业教育与时俱进，大赛不断创新发展。

红、黄、蓝、绿、黑的五星象征取自全国职业院校技能大赛的标识，象征技能大赛激发教师学生的创意火花，鼓舞全国职业院校学生胸怀祖国，也寓意大赛成果要惠及全国各地的职业院校师生。

成果转化中心。

中心的标识包含有五星、书籍（双手）、齿轮（数字化 e）等要素。

中心在教育部职业教育与成人教育司、天津市教育委员会的指导下，发挥全国职业院校技能大赛主赛区和相关分赛区教产资源，聚集中国职业技术教育学会、全国 56 个行业职业教育教学指导委员会、职教研究机构、国内外有关企业、职业院校、出版机构力量，实施大赛成果转化。中心服务平台设在天津海河教育园区机电职业技术学院，6 个专项工作平台设在天津商务职业院校（服务业类）、天津职业大学（制造业类）、天津中德应用技术大学（国际合作类）、天津职业技术师范大学（世赛类）、天津医学高等专科学校（医药护理类）、天津交通职业学院（交通运输类）。

2017 年 5 月 8 日，第十届大赛期间，时任教育部副部长李晓红与天津市副市长曹小红共同为"全国职业院校技能大赛成果转化中心"揭牌启运。

5. 国家职业教育质量发展研究中心

中心在教育部职成司、天津市教委指导下，发挥天津大学、天津职业技术师范大学、天津中德应用技术大学、天津职业大学等院校在职业教育领域的资源优势，联动北京大学、清华大学、北京师范大学、同济大学等院校的学科优势，发挥中国职教学会、教育部职业教育中心研究所、天津教育科学研究院、国家中西部地区职业教育师资培训中心总服务平台（天津机电职业技术学院）等行业机构的平台优势，协同高教出版社、中国知网 CNKI、中国高等教育文献保障系统 CALIS 等单位机构的开发优势，充分运用现代信息化手段和大数据技术，开展职业教育质量监测理论和实践研究、质量运行与保障体制机制研究、质量评测标准分类体系编制、质量大数据综合服务平台建设、质量评测评价工具体系开发、质量建设指导与咨询、国际职业教育质量体系比较等工作。

国家职业教育质量发展研究中心（Quality development and research center of national vocational education），简称 QDRC—NVE，秘书处设在天津市教委职业技术教育中心。

标识主要造型由 Q 和 V 构成：Q——Quality 质量；上部是蓝色，寓意着培养强大的技术技能人才队伍是目标；下部是红色，寓意着创新和发展。

V——Vocation，职业；Victor，胜利。V 的变形为富有力量的臂膀，寓意着质量就是推动职业教育发展的力量；V 的左边是一把尺子，寓意着标度职业教育质量标准，开展质量监测，衡鉴以尺；V 的右边是握着工具的手臂，寓意着以钉钉子的精神，敲开新时代职业教育高质量发展之门。

2018 年 5 月 8 日，第十一届大赛期间，在天津海河教育园区轻工职业技术学院，教育部副部长孙尧与天津市委常委、宣传部部长陈浙闽共同为"国家职业教育质量发展研究中心"揭牌启运。

6. EPIP 国际教育联盟

2017 年 5 月 9 日，EPIP 国际教育联盟（Alliance EPIP International Education）成立大会在天津渤海职业技术学院举行。时任教育部职成司司长王继平、泰国大城省副省长皮谦、新加坡黄明吉等中外嘉宾出席 EPIP 国际教育联盟成立大会。

EPIP 国际教育联盟，由 EPIP 首创者倡议，国内外知名大学教授发起并组织，联合世界各地致力于工程实践创新项目研究的教授学者、企业专家组成的教育联盟，借助国际智力资源、教育资源、企业资源，开展跨国界、跨专业的教育科技交流，推动国际间 EPIP 教学模式应用推广和创新发展。

EPIP 国际教育联盟，实行联盟主席团领导，主席团由 14 位核心发起人担任领导机构成员，其中包括美国麻省理工学院教授 David Otten、佐治亚大学教授宋文战、德国职教专家纳格、英国职业资格机构 Qualifi 首席运营官 Ray Brogden、中国台湾地区龙华科技大学教授苏景辉、法国图卢兹大学教授丹尼尔、南开大学教授孙桂玲、天津渤海职业技术学院教授于兰平、启诚科技宋立红等。联盟授权天津渤海职业技术学院联合项目推广单位启诚科技、大城技术学院组建秘书处，负责联盟的日常事务、盟员沟通、协调联盟活动组织等工作，为盟员创建合作与交流平台。

2019 年 5 月 8 日，第三届 EPIP 国际教育联盟学术论坛在天津举行。泰国、英国、印度、印度尼西亚、巴基斯坦等国家的教育行政官员、鲁班工坊项目学校、日本、马来西亚相关院校以及 EPIP 国际教育联盟盟员单位，共计 400 余位代表参加了论坛活动。

7. 鲁班工坊研究与推广中心

在教育部和天津市人民政府支持下，2018 年 1 月 10 日，教育部职成司与天津市教委共同推动的"鲁班工坊研究与推广中心"揭牌启运，中心建立了以首个"鲁班工坊"建设单位天津渤海职业技术学院为总服务平台，多支点支撑，国际国内联动，专家学者和项目单位参与的政策研究、标准研制、资源开发、指导评价联盟机构，该机构旨在对"鲁班工坊"建设流程与规范、标准与模式，运行机制与质量保障、监控评价与宣传推广等进行系统研究，持续优化。天津市财政设立鲁班工坊专项资金支持。

 该机构分别在泰国设立了中泰 EPIP 教学研究中心、天津职业院校学生海外（泰国）实践拓展基地；在印度，设立了中印 EPIP 教学研究中心和职业院校师生海外（印度）实践拓展基地；在印度尼西亚，设立了职业教育教学研究中心；在葡萄牙设立了 EPIP 教学研究中心和职业院校师生海外（葡萄牙）实践拓展基地。

2019 年 5 月，由鲁班工坊研究与推广中心组织承办的"首届鲁班工坊与产教融合国际论坛"在天津举行。来自泰国、巴基斯坦、安哥拉、德国、俄罗斯、吉布提、柬埔寨、马来西亚、马里、葡萄牙、印度、印度尼西亚、肯尼亚、南非等亚洲、欧洲、非洲地区共 15 个国家的行政官员、教育专家、中外企业，以及中西部地区交流学访团校长、相关院校代表近 200 人参加论坛，体现鲁班工坊项目平台的"共研、共建、共享、共用、共赢"理念，促进共同发展。

2019 年 5 月 10 日，非洲鲁班工坊研究与推广中心成立，揭牌仪式在首届"鲁班工坊"与"产教融合"国际论坛上举行。其中心总服务平台，设在首个非洲鲁班工坊建设单位天津铁道职业技术学院和天津市教育科学研究院。

8. 鲁班工坊建设·体验馆

鲁班工坊是在教育部大力指导与支持下，天津首创、原创并率先推动实施的中国职业教育知名品牌，是国家现代职业教育改革创新示范区建设的标志性成果。

鲁班工坊建设·体验馆于 2018 年 5 月 6 日在天津海河教育园区轻工职业学院落成开馆，主要展示鲁班工坊在世界上的建设情况，2019 年进行了二期改造完善。场馆分为序厅与主厅两部分，序厅包括寓意墙、形象墙和国旗陈列墙三部分；主厅包括前言、项目缘起、核心要义、项目时间轴、实物展示、教学资源以及泰国、英国、印度、印度尼西亚、巴基斯坦、柬埔寨、葡萄牙、吉布提等地鲁班工坊，"大写意"与"工笔画"项目布局图、空中课堂、鲁班工坊研推中心、政策保障、展望等23个部分。

截至2020年底，天津已在16个国家，建成17个鲁班工坊。

第四篇 ▼

精彩十年

引 语

2017年全国职业院校技能大赛，是继2008年在天津举办首届大赛之后的"第十届"，恰逢党的十九大召开之年。经过十届的发展，大赛从无到有、从小到大、从大到强，成为我国职业教育改革创新和全国广大职业院校师生展示发展成果的重要平台，成为推进产教融合、校企合作和德技并修、全面培养的重要手段，成为扩大职业教育面向人人、社会影响和国际合作、世界分享的重要窗口。

2017年大赛开幕式前，中共中央政治局常委、国务院总理李克强为第十届全国职业院校技能大赛做出重要批示，对全国职业院校技能大赛多年来的发展给予了高度肯定，同时也为大赛未来发展指明了方向。时任中共中央政治局委员、国务院副总理刘延东在开幕式上的讲话充分肯定了全国职业院校技能大赛十年发展所取得的巨大成就和发挥的引领作用。

2017 年大赛天津主赛区承接 24 个国赛项目，1 项表演赛和 6 个国际化赛事，赛事承办数量居全国之首，国际化赛事数量和质量创纪录。与此同时，主赛区还举办了 21 项特色鲜明、内容丰富的国家级主题活动。围绕该届大赛"精彩十年"主题，精心设计了 125 项形式多样、富有内涵的展示、体验、互动型校园活动。在天津市委、市政府的领导下，天津职教战线同心协力，各项赛事及活动效果良好，圆满完成了"精彩、专业、廉洁、安全"办赛要求，为以"精彩十年"为主题的第十届大赛，增添了新的"津彩"。

从某种意义讲，大赛的"精彩十年"，是全国职业教育的"精彩十年"，更是天津职业教育的"津"彩十年。

一、劳动光荣 营造时代风尚

2017年全国职业院校技能大赛，是自2008年以来，每年连续举办的第十届大赛，又恰逢党的十九大召开之年，意义十分重大。

5月8日刘延东副总理亲临比赛现场指导，出席大赛开幕式并发表重要讲话。充分肯定了大赛所取得的辉煌成就，要求切实落实李克强总理的重要批示精神，加快推进现代职业教育发展。第十届大赛在中央领导的亲切关怀下，在大赛组委会的直接领导以及大赛执委会、分赛区执委会、赛项执委会、承办院校、合作企业和大赛专家团队的通力合作下取得了圆满成功，符合"精彩、专业、安全、廉洁"的要求，遵循提高质量、完善制度、阳光操作、创新发展的总体办赛思路，各项工作均高质量高水平完成。

第十届大赛于5月8日到6月29日在天津主赛区和吉林、江苏、浙江、安徽、福建、江西、山东、河南、湖北、湖南、广东、广西、重庆、四川、贵州、云南、陕西、甘肃和青岛等19个分赛区成功举办。大赛共设项81个常规赛项，4个行业特色赛项，其中中职项目35个，高职项目46个，4个行业特色赛项均为高职组赛项。总参赛选手13922人，指导教师 9795 人，共有 8326 人次获奖，其中一等奖是 1394 人次，二等奖 2766 人次，三等奖 4166 人次，参赛选手数和获奖人数都再创历史新高。

2017 年 5 月 8 日—15 日，天津主赛区的 15 所职业院校承办 24 项国赛，1 个表演赛和 6 个国际赛，同期举办 21 项国家级主题活动。主赛区比赛期间，全国近 5000 名参赛选手在津同场竞技，近万名嘉宾到津参加和观摩，其中来自 24 个国家的 175 名选手、裁判和专家参加了本届大赛，大赛的国际影响得到进一步提升。

大赛举办期间，面向社会开放所有赛项和活动现场，坚持技能大赛"面向人人，人人参与"，在赛项和活动中设计"观摩、体验、互动、交流"多个环节。以大赛为原点，让中小学生、老年人、企业能工巧匠、国际友人等纷纷走进大赛，全方位、立体化的了解大赛、了解职业教育，感受职业教育发展的魅力，通过最大限度地开放和展示，最大限度地扩大与各方的合作与交流，在全社会营造"劳动光荣、技能宝贵、创造伟大"的时代风尚，实现社会与职业教育的多维度、多类型、多层次深度融合。

二、亮点巡礼 大赛同期活动

从 2008 年首届大赛起，每届大赛同期举办多项大型主题活动，2016 年第九届大赛开始，同期活动进行调整升级，整体设计突出板块化、时代性。

2017 年第十届大赛设计了"服务国家战略、服务产教融合、服务教学改革、服务精准帮扶"4 大板块、21 项大型主题同期活动。活动"数量、规模、质量、影响"等几项指标都达到历年之最。活动的举办极大丰富拓展了大赛的边际效应，充分展示了职业教育改革发展成果，通过高度凝练的四大"服务"板块，凸显了十届次的大赛对职业教育以及经济社会、民生改善、脱贫攻坚等方面做出的巨大贡献。

1. "精彩十年"——全国职业院校技能大赛成果展示

成果展于 2017 年 5 月 8 日—15 日在全国职业院校技能大赛博物馆举行，博物馆坐落于天津海河教育园区商务职业学院，为展示"精彩十年"主题，在校区内建设大赛"景观大道"，巧妙借助学院楼宇墙面、绿化带、穹顶等设施立体化展示大赛发展成就和获奖师生风采，博物馆馆内在一期建设的基础上，围绕十届大赛主题深度凝练总结升华、突出重点成效，设计 20 块互动展板讲述十届大赛的发展故事。5 月 7 日，时任教育部副部长李晓红、天津市副市长曹小红在大赛博物馆共同为"全国职业院校技能大赛成果转化中心""国家职业教育教学资源开发与制作中心"两个"国字号"中心揭牌启运。5 月 8 日大赛开幕式前，时任中共中央政治局委员、国务院副总理刘延东在大赛博物馆亲切接见了 10 位代表，他们分别是大赛优秀指导教师、优秀企业家和历届大赛获奖选手，充分肯定他们取得的成绩和为大赛做出的贡献。

2. 京津冀现代制造业职教集团成立大会

5 月 8 日，成立大会在天津海河教育园区机电职业技术学院举行，京津冀三地职业院校、行政部门、行业企业、科研机构、知名高校等 60 余家单位以"服务中国制造 2025、京津冀协同发展"为宗旨组建了京津冀现代制造业职教集团，职教集团以深化产教融合、校企合作，创新制造业技术技能人才系统培养机制为工作重点，充分发挥政府推动和市场引导作用，构建形成多层次、立体化办学体系，通过创新京津冀区域内"政、行、企、校、研"五方携手合作机制，全面推进"产业、行业、企业、职业、专业"五业联动运行机制，增强京津冀现代制造业职教集团对于区域经济社会发展的服务能力。

3."脱贫攻坚·职教帮扶"协同创新发展论坛

5月8日—15日，论坛在天津海河教育园区机电职业技术学院举行，2015年国家现代职业教育改革创新示范区建设以来，按照国家发展战略的要求，对口帮扶疆、藏、青、陇、宁、内蒙古、冀等地区，连心携手，扶智共赢，精准设计帮扶方案，积极调动各方优质资源，天津市按照"倾心、聚力、精准、重效"工作要求，坚持授人以渔，精准施策，从"有啥给啥"到"缺啥补啥"，从"自发行动"到"系统推动"，从"校校帮扶"到"产教对接"，从"挂职支教"到"整体扶智"，构建起区域系统援建、品牌整体输出、专业结对共建、师资系统培训、学校订制培养等五种职教帮扶模式。活动期间，众多专家、学者到场观看同期举办的纪实展，各界好评如潮。

4."一带一路"现代职业教育鲁班工坊国际交流活动

5月8日—15日，交流活动在天津海河教育园区轻工职业技术学院举行，"一带一路"现代职业教育鲁班工坊建设纪实展览以鲁班工坊建设两年以来的成果为主线，详细介绍鲁班工坊的缘起、内涵、建设布局、优质成果、未来规划等内容，通过"一带一路，职教作为；顶层架构，引领示范；国际布局，创新发展；共建共享，提质增效"等篇章，真实记载了勇于探索、扎实实践、富有成效的国际化发展历程，让社会更加了解鲁班工坊。展览还介绍了鲁班工坊的后续发展，印度尼西亚、印度、巴基斯坦等"一带一路"国家的鲁班工坊建设相继启动。展览生动地呈现了天津职业教育依托鲁班工坊，拓展国际合作、输出职教成果、培养国际人才，开展师资培训、成立研究机构等国际化成果。

5. 服务终身学习职教集团十年建设推动会

5月11日，推动会在天津城市职业学院举行，会议以"职继协同、双周推动，服务终身学习"为主题，集中展现了天津城市职业学院职教集团服务终身学习的工作成果。回顾十年来，职教集团立足中心城区、以终身教育为重点，整合区域教育资源，为中心城区市民终身教育服务；实行集团化办学，构建了区域终身教育、终身学习体系。通过职业教育与继续教育协同发展，职教活动周与终身学习活动周"双周"推进，依托职业教育，推动社区教育、老年教育、老年服务、青少年活动，为区域发展培养了大批实用好用人才。

6. 中华优秀传统文化艺术表演赛

5月8日晚，表演赛在天津大礼堂举行。为体现"共筑职教梦、喜迎十九大"的活动主题，"中华风韵 桃李芬芳"2017年中华优秀传统文化艺术表演赛以创新的艺术理念、精湛的艺术技艺、昂扬的精神风貌、精心创作的艺术作品，表达了全国艺术类职业院校师生迎接党的十九大的喜悦心情。

全国文化艺术职业教育教学指导委员会与天津艺术职业学院根据艺术职业教育的特点，结合经典性、传承性和地域性，将表演赛分为"音乐艺术""戏曲曲艺艺术""舞蹈杂技艺术"三大板块，荟萃了全国近 20 所艺术职业院校的 16 个新创节目，涵盖了音乐、曲艺、戏曲、舞蹈和杂技五大门类，体现了中国艺术职业教育的鲜明特色，凸显了中华优秀传统文化的唯美韵味。

7. 职业教育国际研讨会

5 月 9 日，研讨会在天津海河教育园区青年职业学院（现天津职业大学海教园校区）举行。教育部职业技术教育中心研究所、中国联合国教科文组织全国委员会秘书处、联合国教科文组织驻华代表处多家科研、国际机构参加。会议旨在分析国际职业教育面临的形势与挑战，分享中国与其他国家及地区在职业教育方面的改革创新成果和实践经验，明确推进职业教育创新、提升职业教育质量的思路，充分发挥职业教育在实现《2030 年可持续发展议程》目标中的重要作用。

来自联合国教科文组织以及芬兰、德国、韩国、蒙古国、尼日利亚、南非、斯里兰卡等国家的职业教育专家和教育部、各省区高职院校近 20 名学者、专家在会上进行专题发言，近

200 名职教领域的专家、学者、教师及企业代表参加了会议。

8. 2017 年电脑鼠走迷宫（IEEE）国际邀请赛

5 月 9 日，邀请赛在天津渤海职业技术学院举行。2017 年电脑鼠走迷宫（IEEE）国际邀请赛吸引了来自新加坡义安理工学院、泰国大城学院、南开大学、天津大学、北京交通大学、河北工业大学、河南安阳工学院、天津渤海职业技术学院等 11 所学院的 15 支代表队参赛。2017 届赛事迎来了曾多次荣获美国 APCE 电脑鼠大赛、全日本世界电脑鼠公开赛冠军，被业界誉为"电脑鼠教父"的 Bengkiat NG 教授，现场还展示了风靡全球的 "半尺寸电脑鼠" "自走车电脑鼠" 比赛等特色项目。邀请赛实现了国际知名赛事落户津门，对于推动赛事国际化、提升大赛国际影响力起到积极作用。

9. 2017 年全国大赛获奖选手就业洽谈会

5 月 15 日，就业洽谈会在天津海河教育园区大学生就业创业服务中心举行。国内 50 余家企业携 800 余岗位到场揽才，到场企业月薪均在 5000 元以上。参会企业中，大中型企业占 80%，同时很多迅速发展的科技型企业和民营企业求才若渴。参会企业反馈，对战略性新兴产业的高级技术型人才需求很大，而大赛选手专业对口、理论知识过硬、动手实践能力强，短期培训后就能上岗，符合企业需求。招聘负责人称，学习能力强、对自己定位准确，而且踏实肯干，是他们中意职业大赛获奖选手的原因。此次活动实现了与毕业生专业的精准匹配，有效提升了对接效率，专业对口率平均达到80%以上。其中加工制造、电子信息、能源与新能源、交通运输等专业赛项获奖选手专业对口率接近90%。

10."安教乐道"·现代职教之品——"五风建设"交流会

5月15日，交流会在天津海河教育园区现代职业技术学院举行。42所职业院校教师及学生代表参加了会议。"安教乐道"是国家现代职业教育改革示范区构建职业院校"立德树人"重要的体系和品牌。"安教"是对投身职业教育的坚实信仰，"乐道"是对培育大国工匠的倾情执着。此次会议是"安教乐道"品牌系列活动的首场，充分展示了学风、教风、考风、班风、校风"五风"建设成果，引导职业教育立德树人、德技并修、职继协同、全面育人发展。

11.全国无人机应用技术军民融合安全发展论坛

5月10日，论坛在天津海河教育园区现代职业技术学院举行，来自国家空管委、军事科学院、空军司令部、中国成教协会、海军航空兵、空军场站空管室、中国科学院光电研究院、天津警备区、天津市公安局治安管理总队、中国空管杂志社、深圳无人机协会等单位，及天津大学、上海交通大学、西安航空职业技术学院、长沙航空职业技术学院等院校，共计100余家单位，200余名代表参加了本次论坛。活动旨在创新无人机职业教育事业，助力军民融合战略，交流探讨在军民融合等重大战略机遇下，加快无人机职业教育创新发展，开拓无人机职业教育新局面。

12. 京津冀烹饪文化传承与创新讲坛

5月11日，讲坛在天津海河教育园区青年职业学院（现天津职业大学海教园校区）举行，活动响应京津冀协同发展战略，促进京津冀三地文化交流传承与融合创新，从文化融合与创新的角度为三地一体化发展进行探索，通过弘扬中国传统烹饪文化，促进京津冀三地烹饪文化的交流，展现职业教育风采，激发学生的荣誉感、使命感，促进学生潜移默化的爱岗敬业教育和全面发展。活动受到了社会各界的高度重视，来自职业院校、居民社区、老年大学等近200人聆听主题讲座。

13. 第四届职业院校国际赛事合作交流研讨会

5月12日，研讨会在天津海河教育园区仪表无线电工业学校举行。研讨会增进了对于国际技能赛事了解，围绕"国赛"对接"世赛"对职业教育影响的探讨，推动职业院校技能竞赛与职业教育专业建设的协同发展。会议对于提高全国职业院校技能大赛的国际化建设水平，引进和学习国际化办赛的技术、标准和规范，推动全国职业院校技能大赛走出国门、扩大国际影响等方面具有重要意义。

14. "我与大赛的故事"

5月11日，分享会在天津职业大学举办。分享会发挥大赛获奖师生的引领带动作用，引导学生自觉培育和践行"工匠精神"，推动院校"五风"建设，营造"大赛点亮人生，技能改变命运"的良好氛围。潘婷等4名全国职业院校技能大赛获奖学生和4名大赛优秀指导教师通过演讲、访谈形式介绍夺冠经验，展示了获奖学生勤于学习、善于思考、勇于实践、刻苦钻研、精益求精的"工匠精神"以及指导教师们热爱学生、技艺卓绝、勤勉付出、教法高超、不畏困难的"双师风采"。职业院校的师生代表、社会各界人士、媒体记者，共计500余人参加了分享会。

15. 第六届自动化生产线安装与调试国际挑战赛

5月8日，挑战赛在天津海河教育园区中德应用技术大学举行。第六届国际挑战赛吸引了来自德国、西班牙、泰国、老挝、印度尼西亚、刚果（布）、坦桑尼亚、赞比亚、韩国、新加坡和巴基斯坦 11 个国家的参赛队参加。国际挑战赛与大赛高职组"自动化生产线安装与调试"赛项按照统一标准同时开赛，实现了国赛与国际赛同场竞技。国内和国际选手同台竞技，各国参赛队员都竭尽全力展现自己的能力和风采。赛前和赛后，中国学生积极主动为国际队选手当导游、交朋友，开展了多项相互之间的交流活动，国际队领队和指导教师与我国职业院校的教师进行了技能教学研讨。

16."老字号"企业进大赛

5 月 8 日，活动在天津海河教育园区现代职业技术学院举行。参加产品文化展示活动的老字号品牌有：飞鸽 PIGEON、海鸥表 SEL—GULL、鸵鸟、津酒、天女牌、起士林、山海关、春合、蜂皇、盛锡福共计 10 个品牌。活动现场众多"津门"老字号品牌企业纷纷表示，弘扬中华老字号品牌，推广中华老字号文化，为中华老字号和年轻人之间架起一座桥梁，正是老字号品牌企业应尽的责任。老字号企业是民族工业发展的脊梁，要传承与创新并重，通过此次推介展示，吸引社会更多人关注中华老字号发展，促进民族品牌振兴。

17. 中泰职业教育活动周暨中国·东盟学生作品展

5月9日，作品展在天津渤海职业技术学院举行。在中国海外首家"鲁班工坊"落成一周年之际，建设各方总结回顾"鲁班工坊"的建设经验，共同探索职业教育国际化的新模式、新路径。同期，"工程实践创新项目（EPIP）国际教育联盟"正式成立。在"中国—东盟职业院校高峰论坛"上，中泰两国职业院校共同见证"中泰大城园"揭牌。来自中国、泰国及东盟国家的学生展示了他们亲手制作的百余件手工艺品。时任泰国大城省副省长皮谦、教育部职成司司长王继平以及相关国家教育部门官员、专家、教师、学生、台湾地区院校代表参加了全程活动。

18. 京津冀中职学校会计电算化教师技能比赛

5月11日，比赛在天津市红星职业中等专业学校举行。来自京津冀21所学校教师参加了本次比赛，经过激烈角逐，最终天津滨海新区塘沽一职的赵睿、北京商贸学校的王悦、河北省涿州职业技术教育中心的爨方方等6名教师荣获一等奖，9名教师荣获二等奖。此次活动加强了京津冀三地区的职业院校专业建设合作与交流，更好地发挥了职业教育教研机构服务京津冀经济发展的功能，为促进教师共同提高专业技能水平提供了交流展示平台。

19. "国际化专业教学标准课堂教学竞赛" 交流展示

5月15日，活动在天津海河教育园区机电职业技术学院举行。本次展示进一步推动了天津市职业教育国际化发展，强化了国际化专业教学标准在教学中的应用与完善，提升了国际化专业教学标准课堂教学水平。交流展示过程中，各院校对于国际化教学标准、双语教学有了更深层次的理解。国际化专业教学标准开发对加强专业内涵建设具有重要意义，通过专业国际化教学标准的建设，引导学生掌握国际通行的技术规范、服务规范，增强学生的国际交往能力，逐步建立国际互认的专业教学标准。

20. 国家级农村职业教育和成人教育示范县成果展

5月15日，活动在天津市静海区成人职业教育中心举行。天津市城郊职业教育集团由静海、武清、蓟州、宝坻和宁河五区共同组成，是推动区域职业教育和继续教育协同发展的重要的合作载体，形成了以区级人民政府为主导，以各区职成中心为龙头，以乡镇级成人文化技术学校为骨干，以社区服务中心、村成校为支撑的职继协同共同发展格局。

三、十届磨砺 成果异彩纷呈

2017 年第十届大赛，无论从赛事赛场组织、同期活动设置都实现了新跨越。

2017 年第十届大赛，整体赛项设置充分体现出服务国家战略，对接产业发展良好态势。赛项设置力争反映行业、产业发展趋势，体现国家重点发展和扶持的产业领域，人才培养的需求，充分体现了新产业、新技能、新业态的发展。比如：工业机器人技术应用、自动化生产线安装与调试、大数据技术与应用、云计算技术与应用、互联网 + 国际贸易综合技能、光伏电子工程设计与实施等涉及智能制造、高端装备、信息技术，节能环保新能源、新产业、新业态的赛项就达到了 39 个，占全部赛项的 45.9%。大赛引领教学，突出综合技能运用，赛项设计更加强调德技并修，动手和动脑相结合，强调工匠精神的培养，第十届大赛 81 项比赛中有 73% 的赛项为团体比赛，注重团队合作，技术技能要求精益求精，90% 以上的赛项将职业素养纳入考核的范围。

内容设计深度对接专业标准，赛项均集中考察专业或专业大类的综合核心技能，完善历届大赛中对于技能要求过于单一等问题。推出对新技术、新工艺的要求。比如：高职组中药技能比赛，增加了对行业以及广泛使用的紫外可见分析仪、荧光分析仪、化学检验方法的操作要求等。充分实现动手与动脑相结合，比如：中职组建筑装饰技能赛项，在原有计算机操作基础上增加抹灰贴瓷砖等动手技能的考核，高职组园林景观设计赛项，在原有的设计基础上增加了现场施工的内容等。

2017 年第十届大赛，普惠与开放程度得到进一步加强。全国各省市及地区落实层层有大赛、层层有选拔的赛事组织选拔机制。坚持国赛引领、省赛为主的思路来推进大赛发展，各地区省赛、市赛、校赛有序开展，全国 30 个省、自治区、直辖市和计划单位都举办了省市比赛或者国赛的选拔赛。按照国赛的标准，完成制度、细化规程。人才能参与，专业大覆盖，层层有选拔，各赛事体系已经在全国建立。

为了让更多的学生受益，大赛持续推进比赛资源的共享转换工作，进一步推进大赛试题公开，按照赛题管理办法，在 2016 年大赛 80% 的赛项赛前公开赛题的基础上，此次大赛做到了在开赛前一个月公开全部赛题。充分贯彻了公平、公正的比赛原则，也让未参赛的学校和学生能够共享大赛资源。此次大赛在赛项遴选期间就要求各赛项制定具体的成果转化方案，在规定时间内，完成转化任务，并将成果转化的进度和成效作为下一年度赛项遴选的主要依据。全国大赛成果转化中心在天津主赛区揭牌运行标志着大赛资源转化工作将再上新水平。

2017年第十届大赛，发挥用好职业院校教师、行业企业专家担当裁判等形式，实现更多的职业院校教师、更广泛的行业企业专家参与大赛，通过他们把大赛成果带回到所在地区、企业和学校，并加以传播。促进构建紧密务实的校企合作关系，大赛作为联系职业院校与合作企业的纽带，拉近了校企之间的距离，实现了专业与职业、企业、行业、产业对接，将行业、企业先进技术引入教学，借助院校智力优势，助推企业发展，成为促进校企合作的有效抓手，产生了良好的效果。

2017年第十届大赛的成功举办，进一步拓展了大赛的国际影响。部分赛项邀请了国外和境外代表观摩参赛或交流。比如：高职组互联网＋国际贸易综合技能赛项特别邀请了来自印度尼西亚、缅甸、柬埔寨、土耳其、加蓬、孟加拉国、安提瓜、塞里昂、摩洛哥、俄罗斯、沙特阿拉伯、安哥拉等50名来自"一带一路"沿线国家的留学生观摩大赛。高职组信息安全管理与评估、移动互联网应用网络开发、云计算技术与应用邀请了中国台湾地区的代表团来参赛，促进了海峡两岸之间的交流。部分赛项竞赛内容、竞赛平台、比赛形式、评分标准主动对接世界技能大赛，比如：高职组嵌入式技术应用与开发，赛项内容主动参考世界技能大赛的电子技术项目和移动机器人项目等内容。吸收境内外专家参加裁判专家工作，高职组英语口语、西餐宴会服务赛项和中职组的酒店服务赛项，都有来自美国、澳大利亚、新西兰等地的专家、裁判参与工作。

2017年第十届大赛，辐射功能、引领作用进一步扩大。全国各地区积极申请承办大赛，随着大赛影响的不断扩大，申办的积极性持续高涨。2017年，共有20多个省份提交了赛事申请，涉及学校128所，200余项，赛事申报数和院校申报数再创历史新高。为了更好地发挥地方的职教资源、产业和政策优势，推动全国职业教育的相互交流和协调发展，按照大赛赛区及承办校遴选规则，最终确定了天津等20个赛区，天津职业大学等67所学校作为赛项的承办地和承办单位。其中江西、湖南、四川、云南和陕西，均是第一次承办大赛。

2017年第十届大赛，媒体宣传效果得以进一步提升。各地区积极协调国家、省、市的主流媒体。通过采访、报道，建立专栏，开辟微平台在赛前、赛中和赛后对大赛进行专题和延伸报道，有利宣传了大赛对专业建设、教学改革和职业教育持续健康发展的引领示范作用，起到了进一步提升大赛知名度和影响力，展示职业教育改革发展的成果和作用。央视的《新闻直播间》、天津卫视、山东卫视等，从不同的角度，对中职组的机器人技术应用赛项进行了报道，其中央视《新闻直播间》一天的点击量突破了万次，在社会上引起了广泛的关注。

链接4-1：天津职教发展走过"精彩十年"

2018年5月6日《天津日报》活动周专版，天津职教发展走过"精彩十年"。

全国职业院校技能大赛烽火再燃！

今天，2018年职业教育活动周全国启动仪式暨第十一届全国职业院校技能大赛开幕式在我市举行。这是我市第十一次承办该项赛事。在未来一周的时间里，来自国内和国际上的技能高手，将会聚津门，同台竞技。

全国职业院校技能大赛举办的十年，是我国职业教育、特别是天津职业教育发展的"精彩十年"。十年来，一大批赛项的先进理念、教学标准、竞赛装备、教程教材落地专业建设，落地课堂教学；十年来，一大批具有创新性的岗位技术标准、设备设施反哺企业；十年来，一大批技能精湛的获奖选手在职业岗位上创造了骄人业绩……如今，每年在我市举办的全国职业院校技能大赛已成为中国职业教育的亮丽风景线。

十年磨一剑　砺得梅花香

昨天，记者走进天津职业大学汽车实训工程中心，该校正在备战全国职业院校技能大赛的学生团队，在真实的汽车模型前，默契地进行着整车故障诊断排除和动力电池拆装检测。"今年，大赛新增了'新能源汽车技术与服务'赛项，学生们正在练习的就是针对新能源汽车的技术服务。"天津职业大学校长刘斌介绍说。

"技术升级需要什么，就比什么；产业变革需要什么，就赛什么"，这样的例子，在过去十年中，每一届大赛都有。十年来，大赛赛项从 2008 年 10 个专业类别的 24 个赛项发展到大体涵盖所有专业类别的近百个赛项，但在赛项设置上，一直追求的是不断服务经济发展、服务产业升级、服务民生改善。

2008 年，动漫产业呈现井喷式发展，动画片制作赛项走进大赛；2009 年，3G 正式投入使用，全国所有县镇均建有基站，3G 基站建设维护及数据网组建赛项进入大赛；2011 年，H7N9 病例增加，食品安全引发全民关注，当年的大赛新增了新城疫抗体测定赛项；2012 年，全国发生多起"电梯惊魂"事件，"智能电梯装调与维护"赛项应运而生；而随着公众对"雾霾"和生态环保的关注，大气环境监测与治理技术、水环境检测技术成为新的赛项……

十年来，大赛坚持与产业发展同步，对接行业标准和企业技术水平，根据产业结构调整和技术革新，特别是战略性新兴产业、先进制造业、现代农业、现代服务业的技术变化，及时调整技能大赛的项目、内容和标准。"比赛不是目的，我们更希望可以通过大赛引领职业院校的教育教学改革和专业建设、课程建设。目前，天津的多所职业院校已经将多项国家竞赛的标准要求纳入课程体系中，并开发了相关的教材。我们看重大赛，希望更多的学生可以脱颖而出，但是我们更看重大赛对天津职业院校各项事业发展的促进作用，特别是产教融合、校企合作、国际交流的平台作用，促进技术技能人才培养质量的整体提升。"市教委副主任吕景泉说。

长技在手人生出彩 孵化培育大国工匠

全国职业院校技能大赛，为经济社会发展输送技术技能人才，为每一个有梦想的职教学子搭建华丽的舞台。一批批能工巧匠从这里脱颖而出，一批批技能精湛的获奖选手从这里走上职业岗位。

1989年出生在河北省高碑店市尤庄子村的张朝，因为从小就喜欢与"机器设备"打交道，高考时他毅然选择了天津机电职业技术学院。2008年，在专业教师陈甫的鼓励和指导下，张朝与同学组队报名参加了首届全国职业院校技能大赛并获得一等奖。从那之后，张朝的人生似乎"开了挂"。按照相关政策，他被保送至本科院校应用技术专业。在继续深造的两年中，他多次参加各级别比赛，拿奖拿到手软。之后，顺利通过校园招聘进入天津大学，成为机械实践教学中心的指导教师。现在的张朝，每天把所有的精力都放在了技术研究和对学生的指导上。

中国航天科工集团二院23所数控车、加工中心编程加工工程师王警，也曾是全国职业院校技能大赛的冠军明星。"是技能大赛让我登上了人生的另一个舞台，我一直相信，只要肯付出，就会有收获，每个人都有人生出彩的机会。"王警说。

十年来，大赛参赛选手从2080人发展到12042人，获奖选手从1283人发展到最多时的7874人。十年间，一群群青春勃发的年轻人，用自己的行动，在全国职业院校技能大赛的赛场上，践行精益求精的职业精神，实现匠心独具的职业理想。他们凭着对梦想的执着、对荣誉的渴望和一身过硬的技能，一路过关斩将，站上最高领奖台，成为名副其实的"技能状元"。

天津职教优质品牌　叫响全国走向世界

十年里，我市从国家职业教育改革试验区到示范区，再到如今的国家现代职业教育改革创新示范区，每一次的"升级换代"，全国职业院校技能大赛都是教育部与市政府共建"试验区""示范区"的最重要建设内容之一。

十年里，通过大赛这个平台，一大批中国职教的质量标准从天津诞生，我市职业院校也培养出越来越多追求精益求精的职教师生。全国职业院校技能大赛已成为我市的一张亮丽名片。

同时，随着天津职教名牌叫响全国，国家中西部地区职业教育师资培训中心、职业院校参加世界技能大赛培训基地、全国职业院校技能大赛主赛场、全国职业院校技能大赛博物馆、国家职业教育教学资源开发与制作中心、全国职业院校技能大赛成果转化中心、鲁班工坊研究与推广中心等8个"国字号"项目落户我市。

从2009年开始，大赛每年都邀请国内外知名企业、国际竞赛选手、国际著名会展集团共同参与。在大赛对接"世赛"研讨会、设立EPIP国际挑战赛、国际化专业教学成果交流赛、"鲁班工坊"建设项目成果及工程实践创新项目交流研讨等国际化活动中，来自美国、德国、日本、西班牙、荷兰、新西兰、韩国、新加坡、泰国、印度、印度尼西亚、老挝、越南、柬埔寨等20多个国家的政府官员、主管部门、院校代表、学生亲身参与、感受中国大赛的特殊魅力。

在注重"请进来"的同时，作为国家现代职业教育改革创新示范的天津，还积极把示范区的优秀成果"输出去"。截至目前，由我市职业院校牵头设计的大赛赛项、竞赛装备、教材资源，有三项已经正式成为东盟十国技能大赛的指定赛项，竞赛的标准、装备、教材率先走出国门，成为中国职业教育"软实力"的重要标志。

作为十年大赛的见证者和参与者，市教委副主任吕景泉感受颇深，他说："习近平总书记曾指出，要弘扬劳动光荣、技能宝贵、创造伟大的时代风尚，营造人人皆可成才、人人尽展其才的良好环境，努力培养数以亿计的高素质劳动者和技术技能人才。在天津，大赛是推手，推动学校紧贴需求，有效促进政、行、企、学、研的'五方携手'；大赛是载体，通过赛项设计、实施、推广和转化，学校将大赛成果应用于教学，成功探索了产业、行业、企业、职业与专业的'五业联动'新机制，助推了示范区'体制机制创新、培养模式改革、鲁班工坊建设、东西协作帮扶'等任务的实施。可以说，全国职业院校技能大赛是我国新时期发展职业教育的一项重大制度设计与创新"。

链接 4-2：历届大赛主赛区同期活动一览

历届全国职业院校技能大赛主赛区同期活动一览表

年份	序号	活动名称
2008	1	第六届全国职业教育现代技术装备展览会
	2	2008 年中国职业教育改革与发展高峰论坛
2009	1	第七届全国职业教育现代技术装备及教材展览会
	2	全国中等职业学校德育工作会议
2010	1	首届中国天津职业教育国际论坛
	2	2010 年全国中等职业学校学生技能作品展洽会
	3	全国职业院校学生文艺作品调演晚会
	4	第八届全国职业教育现代技术装备展览会
	5	2010 年全国职业院校技能大赛高职组参赛选手观摩及现场招聘会
	6	全国中等职业学校德育工作表彰会暨经验交流会
2011	1	2011 年全国职业院校学生技能作品展洽会
	2	2011 年民族地区职业院校学生才艺展示
	3	职业教育改革发展暨国家示范高职院校建设四周年成果展示会
	4	第九届全国职业教育现代技术装备暨职业教育创新教材展览会
	5	"永远跟党走"职业学校育人事迹报告会
	6	促进中等和高等职业教育协调发展座谈会
	7	2011 年全国职业院校技能大赛获奖选手招聘会
	8	全国职业教育科研工作会议
	9	"永远跟党走"民族地区职业院校学生才艺汇报演出
	10	东西部职业教育合作办学签约仪式
2012	1	全国职业院校德育创新暨校园文化建设工作座谈会
	2	2012 年民族地区职业院校教学成果展演
	3	2012 年全国职业院校学生技能作品展洽会
	4	2012 年全国职业院校技能大赛参赛选手招聘会
2013	1	全国职业院校技能大赛成果展
	2	"我的中国梦"主题演讲会
	3	全国职业院校学生技能作品展洽会
	4	第十一届全国职业教育现代技术装备展览会
	5	全国职业院校技能大赛获奖选手招聘会
	6	2013 年民族地区职业院校学生技艺比赛展演

年份	序号	活动名称
2014	1	全国职教系统培育和践行社会主义核心价值观座谈会
	2	中英职业教育"影子校长"圆桌会
	3	2014 年全国职业院校技能大赛参赛选手就业洽谈会
	4	2014 年中华优秀传统文化技艺表演赛
2015	1	贯彻落实《中等职业学校德育大纲（2014 年修订）》座谈会
	2	现代学徒制国际研讨会
	3	2015 年全国职业院校技能大赛参赛选手就业洽谈会
	4	职业院校国际化专业教学成果分享活动
	5	职业教育现代技术装备及教材演示说明活动
	6	全国职业院校技能大赛博物馆参观活动
	7	全国职业院校学生技术技能创新成果交流赛
	8	"口腔医学技术"表演赛
	9	2015 年中华优秀文化传统艺术表演赛
	10	2015 年全国职业院校技能大赛闭幕式
2016	1	2016 年中华优秀文化传统艺术表演赛
	2	2016 年全国职业教育活动周暨全国职业院校技能大赛开幕式
	3	首届中国职教现代化论坛暨第二届全国职业教育科研院（所）联席会议
	4	第五届自动化生产线安装与调试国际挑战赛
	5	现代学徒制实践成果分享会
	6	高职院校国际化专业教学成果交流赛
	7	2016 年电脑鼠走迷宫巅峰对决国际邀请赛
	8	2016 年工程实践创新项目东盟六国、津台两地交流研讨活动
	9	"国赛"对接"世赛"——第三届职业院校国际赛事研讨会
	10	"聚焦创新创业、引领人才发展"——创新创业英才大讲坛
	11	"同在一片蓝天、携手共创梦想"——民族地区学生职业技能展示
	12	京津冀协同发展现代职业教育·智能制造产教对接会
	13	京津冀协同发展现代职业教育·食品安全与营养产教对接会
	14	京津冀协同发展现代职业教育·养老服务产教对接会
	15	全国大赛参赛选手就业洽谈会
	16	"走进百年老号、感受精湛技艺"——中华老字号企业开放体验
	17	"大赛点亮人生、技能成就梦想"——全国职业院校技能大赛博物馆参观活动
	18	特色"生态文化、海洋文化、制造文化、商务文化"体验游
	19	"传承鲁班精神、感受匠人匠心"——中华优秀传统文化百姓大讲堂

续表

年份	序号	活动名称
2017	1	2017 年职业教育活动周全国启动仪式——暨第十届全国职业院校技能大赛开幕式
	2	中华优秀文化传统艺术表演赛
	3	"精彩十年"——全国职业院校技能大赛成果参观活动
	4	"中国制造"现代职业教育·装备制造业产教对接会 ——暨京津冀现代制造业职教集团成立大会
	5	"脱贫攻坚·职教帮扶"协同创新发展论坛 ——国家示范区职业教育东西部协作行动计划建设展示
	6	"一带一路"现代职业教育"鲁班工坊"国际交流活动 ——国家示范区职业教育国际化进程成果展示
	7	"职继协同、双周推动"服务终身学习职教集团十年建设展示 ——暨国家现代职业教育改革创新示范区建设推动会
	8	全国大赛获奖选手就业洽谈会
	9	第六届自动化生产线安装与调试国际挑战赛
	10	职业教育国际研讨会
	11	2017 年电脑鼠走迷宫（IEEE）国际邀请赛
	12	安教乐道·现代职业教育之品——暨天津职业院校推进"五风建设"交流会
	13	全国无人机应用技术军民融合发展论坛
	14	中泰职业教育活动周（渤海）暨中国·东盟职业院校学生作品展
	15	京津冀中职学校"餐饮服务"学生技能大赛
	16	"我与大赛的故事"——全国职业院校技能大赛获奖师生优秀事迹分享会
	17	京津冀中职学校"会计电算化"教师技能大赛
	18	"国赛"对接"世赛"——第四届职业院校国际赛事合作交流研讨会
	19	"弘扬工匠精神、振兴民族品牌"——"老字号"企业走进大赛产品展示活动
	20	国际化专业教学标准课堂教学竞赛
	21	天津市城郊职成教育集团成立大会
2018	1	2018 年职业教育活动周全国启动仪式暨全国职业院校技能大赛开幕式
	2	改革开放 40 年中国职业教育成就展
	3	"一带一路"职业教育鲁班工坊建设纪实展
	4	"脱贫攻坚·职教帮扶"职教东西协作成果展示
	5	"职继协同·双周推动"构建学习型城市成果展示
	6	全国职业院校技能大赛博物馆展示交流活动
	7	"国赛"对接"世赛"第五届职业院校国际赛事合作交流活动
	8	中华优秀传统文化艺术表演赛
	9	2018 年职业教育国际研讨会
	10	"姜大源教育名家工作室"揭牌仪式暨职业教育名家高峰论坛
	11	"中国制造"先进装备制造业产教对接高峰论坛

年份	序号	活动名称
2018	12	EPIP 国际教育联盟论坛
	13	"安教乐道"职业院校师德师风建设研讨活动
	14	京津冀职业教育教学协同发展联盟天津论坛
	15	京津冀职业院校思政课程教学成果交流展示
	16	"传承班墨文化"青少年职业生涯开蒙仪式
	17	职业教育国际化专业教学标准建设成果展示和体验
	18	京津冀"现代物流"专业对接产业峰会暨智慧物流展示活动
	19	全国大赛获奖选手就业洽谈会
	20	"脱贫攻坚·职教帮扶"第二届东西协同创新发展论坛
	21	全国职业院校信息化教学大赛获奖教师技艺技能展示
	22	"一带一路"职业教育金属冶炼专业国际交流展示
2019	1	国家现代职业教育改革创新示范区思想政治教育实践基地体验活动
	2	"安教乐道·铸魂育人" ——牢记"六个要求"贯彻"八个相统一"推进思政课程建设研讨交流活动
	3	国家级教学成果奖交流展示和推广应用活动
	4	《国家职业教育改革实施方案》座谈会
	5	首届全国1+X证书制度高峰论坛——"产业、行业、企业、职业、专业"五业联动对接会
	6	"人工智能背景下展望职业教育未来"五业联动高端讲堂
	7	京津冀协同发展"现代服务业"产教对接会暨"人工智能+现代物流"技术产品展示活动
	8	瑞士GF模具产业学院揭牌仪式及精密制造校企合作成果展示
	9	"鲁班工坊"与产教融合国际论坛
	10	鲁班工坊建设·体验馆观摩活动
	11	第三届"EPIP工程实践创新项目"国际论坛
	12	2019第四届IEEE电脑鼠走迷宫国际邀请赛暨2020年世界APEC电脑鼠大赛中国选拔赛
	13	第八届自动化生产线安装与调试国际邀请赛
	14	学前教育国际化专业教学标准交流展示活动
	15	"脱贫攻坚·职教帮扶"工作纪实展
	16	京津冀地区ARE企业模拟经营挑战赛
	17	终身学习成果综合展示体验活动
	18	"职继协同 优质发展 推动学习型城区建设"城市职教集团建设展示
	19	全国职业院校技能大赛博物馆综合体验活动
	20	"传承班墨文化"——"学子归叙发展、亲子悟劳动美"普职融通教育活动
	21	"创意城市 设计之都"——优秀艺术应用技术设计作品展
	22	"弘扬工匠精神 助力创新发展"——第二届"匠心·创新"论坛
	23	"安全·知识·科技"——安全教育基地综合体验活动
	24	全国大赛获奖选手就业洽谈会

第五篇 ▼

国赛制度

引　语

进入新时代以来，党中央高度重视制度建设，明确提出制度是国家发展的重要保障和有力支撑。自 2013 年开始，职业院校技能大赛制度建设也进入快车道，教育部发布首个大赛发展规划《全国职业院校技能大赛三年规划（2013—2015年)》，标志大赛举办逐步迈入制度化、规范化、专业化发展阶段。

随着大赛规模不断扩大，各项工作制度也在加快完善优化。2012 年大赛工作制度为 7 项；2013 年增设 4 项，达到 11 项；2014 年达到 18 项；2015 年至 2016 年为 19 项及 3 个工作手册；从 2017 年第十届大赛起，大赛工作制度稳定在 21 项及 3 个工作手册；2018 年，教育部印发《全国职业院校技能大赛章程》，标志着国赛制度建设方面构架起稳定、完善、成熟的制度体系。

一、顶层设计 制度化常态化

多年来，教育部为大赛制度化常态化举办，结合实际需求出台了一系列建设文件。

2012 年，《教育部工作要点》要求，各级部门要研究制订全国职业院校技能竞赛管理办法和改革方案，通过完善大赛制度，办好全国职业院校技能大赛。2013 年，教育部印发《全国职业院校技能大赛三年规划（2013—2015 年)》，明确提出建立三级赛事制度，完善分赛区制度，标志着大赛举办和设计更加规范，更具前瞻性，整体步入规范化发展阶段。2014 年，教育部《现代职业教育体系建设规划（2014—2020 年)》进一步要求，完善职业院校教学比赛制度，办好全国职业院校技能大赛，提升国际影响力，将学生比赛成绩作为升入高一级学校的重要依据。2015 年，教育部印发《高等职业教育创新发展行动计划（2015—2018 年)》，强调办好全国职业院校技能大赛，推进全国职业院校技能大赛国际化。2016 年，教育部下发《关于征求〈全国职业院校技能大赛实施规划（2017—2020 年)〉意见的函》，表明大赛在完成了第一个三年实施规划后，即将步入一个更高水平的制度化发展阶段。2017 年，《教育部工作要点》要求完善以赛促教学改革机制，倡导大赛服务日常教学、服务专业建设。2018 年，教育部出台《全国职业院校技能大赛章程》，全面实施大赛制度化常态化举办，对于大赛体系化建设、规范化管理具有重要和深远意义。

天津作为大赛主赛区，市委、市政府高度重视大赛的顶层设计，自 2005 年开始，教育部与天津市人民政府连续启动三轮部市共建项目，分别是 2005 年启动共建的国家职业教育改革试验区、2010 年启动共建的国家职业教育改革创新示范区，2015 年启动共建的国家现代职业教育改革创新示范区。2005 年共建协议中明确提出，由天津市和教育部每两年举办一次全国职业院校学生职业技能大赛，邀请国内外知名企业积极参与；2010 年共建协议中明确提出，把全国职业院校技能大赛打造成具有国际影响力的高技能人才展示平台并将全国职业教育技能大赛主赛场列为建设重大项目；2015 年共建协议中明确提出，加强全国职业院校技能大赛国际化环境建设，把大赛建设成为职业院校教学成果的展示中心、新技术新工艺新设备新技能的体验中心、产教融合校企合作的重要载体，提升大赛的国际参与度和影响力，成为我国参加世界技能大赛的培训基地并将全国职业教育技能大赛主赛场列为建设重大项目。2016 年，天津市人民政府印发《关于加快发展现代职业教育的意见》再次对提升国赛影响，推进大赛资源转化工作提出具体要求。2018 年，作为落实全国教育大会精神的"先手棋"，天津市委办公厅、市政府办公厅印发《关于做大做强做优职业教育的八项举措》，其第五项举措"拓展职业院校技能大赛平台功能"，对于提升大赛主赛区工作进行了整体规划设计，组织了项目落地实施。

在国家政策引领下，大赛的制度建设已经成为我国职业教育的一项常态化工作；经过十余年磨炼，大赛制度建设成绩跃然纸上，已经成为我国培育选拔高素质技术技能人才的重要保障。

二、探索实践 体系化规范化

大赛是一项系统工程，涉及多个领域、众多行业、各个部门、许多地区、大量院校及社会各方面参与人员。从办赛之初，教育部就高度重视大赛的体系化规范化建设工作。

1.组织机构体系构建

首先，搭建大赛的组织架构是一项核心工作。2008 年首届大赛，教育部办公厅印发了《关于成立 2008 年全国职业院校技能大赛组织委员会和执行委员会的通知》，组委会主任由教育部部长和天津市市长担任，下设赛项执委会和天津市组织协调委员会等工作机构。

经过十二届次大赛的不断完善与持续发展，大赛形成了立体、多层、多维的四级组织结构，分别为大赛组织机构、分赛区组织机构、赛项组织机构、赛项承办院校组织机构，四级机构实行"统筹协调、分级管理"。

一是大赛组织机构，其包括大赛组织委员会和大赛执行委员会；分赛区组织机构，包括分赛区组织委员会和分赛区执行委员会；赛项组织机构，包括赛项执委会及下设的专家工作组；赛项承办院校组织机构，包括学校成立的有关组织赛项落实、赛项实施、保障的各个工作组。大赛组织机构是最高领导决策机构，分赛区组织机构、赛项组织机构、赛项承办院校组织机构在业务上接受大赛组织机构领导。各级竞赛机构相互配合、分工合作，确保了大赛各项工作的高效和有序。

二是三层体系框架，即国家层面大赛组织体系、地方竞赛组织体系和学校竞赛组织体系，构成覆盖全国、逐层组织的竞赛框架。庞大的大赛组织体系犹如一个立体有形的网络，网络中的每个节点位置清晰、功能明确。

2. 工作职能体系构建

明确各项工作职能是确保大赛顺利举办的根本。十多年来，大赛由单项制度的制定，到 2018 年《全国职业院校技能大赛章程》发布，构建了覆盖全、层次多、规范明、职责清、操作易的技能大赛规范化职能体系，实现了大赛制度上的创新和突破，也为各级各类技能竞赛的体系建设提供了可借鉴、可复制的范本。2013 年至 2019 年的《全国职业院校技能大赛制度汇编》，逐步明确了各级组织机构的职责，对赛事相关工作进行全面、明确、具体的规定；《全国职业院校技能大赛三年规划（2013—2015 年）》《全国职业院校技能大赛实施规划（2017—2020 年)》，明确了阶段性大赛的发展方向、主要任务和进度安排。

经过多年发展，到 2017 年第十届大赛，其规章制度已经发展到 21 项和 3 个工作手册，整体实现了组织机构与职能分工、赛项申报与遴选、赛项规程编制、赛项承办管理、参赛报名、赛题管理、成绩管理、专家和裁判工作管理、设备与设施管理、监督与仲裁管理、安全管理、经费管理、标识使用与管理、企业合作管理、资源转化工作制度的全覆盖，提高了制度的完备性，强化了办赛的指导性，确保了大赛的规范运行和公平、公正、公开。

聚焦大赛制度的具体内容，可以看出大赛对于事项、工作、环节和岗位等的规范化设计、把握和要求。在组织机构方面，明确了各组织层级之间的隶属关系和职责分工，确保大赛各事项运转更加顺畅有序；在赛项申报方面，通过多项指标体系，建立相应退出机制，健全了申报遴选的工作闭环；在赛项承办方面，明确了主赛区、分赛区和承办院校的工作流程与任务，提升了赛事承办的质量；在参赛报名上，明确了参赛资格与组队方式，提升了赛事整体运行的效率；在赛题管理上，推进了竞赛试题全部或部分公开，提升大赛开放性；在成绩管理上，明确了赛项成绩产生过程的组织分工、过程评判、成绩评定、成绩登记与汇总、抽检复核、争议处理、留档备案、成绩使用等要求，确保大赛公平公正；在裁判管理上，建立了裁判准入机制（推荐入库）、质量管理机制（岗前培训与赛后评价）、抽选回避机制；在监督仲裁机制上，强化了监督员、仲裁员职责，严明了纪律；在合作企业管理上，强化了合作企业的义务和纪律；在经费管理上，统筹管理大赛经费，明确了赛项执委会和承办校的赛项经费使用和管理的责任主体，执行赛后项目审计；在大赛奖惩上，明确了获奖比例和有关工作人员的奖惩办法；在廉洁办赛上，印发了《全国职业院校技能大赛阳光廉洁办赛规定》。

3. 运行机制体系构建

运行机制关系到大赛举办发展的方向。2008 年大赛创设之初就确立了"政府搭台、市场运作"的运作思路；随着需求不断发展，逐步建立起了"政府搭台、行业主导、企业支持、学校参与"的运行模式，广泛、积极协调有关部委、行业机构或组织参与共同主办大赛，同时吸纳行业学会或协会参与，鼓励企业以各种形式参加大赛。各主办单位加强赛前的沟通协调和统筹，就比赛项目、竞赛方式等深入协商，形成了"校校有比赛，省市有选拔，国家有大赛"的职业教育技能大赛三级举办机制。从 2012 年第五届大赛起形成了"主—分赛区"的办赛格局，大赛辐射功能不断扩大，随着产教深度融合、校企深度合作逐步促进了从赛项立项、大赛组织、大赛实施到资源转化的良性运行机制形成。

十二届次大赛，主办单位从 2008 年第一届的 11 家，发展到 2017 年第十届的 37 家。国家机构改革后，2018 年、2019 年两届大赛主办单位稳定在 35 家。除教育部和天津市人民政府外，多家部委及行业协会的参加奠定了大赛的权威地位和规格层次，各部门联动有序、合作顺畅也确保了大赛整体运行。大赛赛区，从 2008 年的 1 个，发展到 2019 年的 22 个，除天津主赛场连续承办 12 届大赛外，全国有 24 个省份和 3 个计划单列市相继承办大赛，其中吉林、江苏、浙江、安徽、山东、河南、广东 7 省承办过 8 届赛事；山西、甘肃 2 省承办过 7 届赛事；重庆市承办过 6 届赛事；北京、福建、湖北、广西、贵州、青岛承办过 5 届赛事；湖南、云南、陕西、河北、宁波承办过 3 届赛事；内蒙古、宁夏、四川承办过 2 届赛事；辽宁、江西、大连承办过 1 届赛事。大赛承办学校从 2008 的 10 个，发展到 2019 年的 85 个，越来越多的职业院校肩负起了承办国家级赛事的重任。大赛合作企业从 2008 年的 13 家，发展到 2019 年的 95 家。大赛吸引了华为、中兴、大众、通用、西门子、博世、三菱、大连机床、亚龙、天煌、联想等一批国内外著名企业的深度参与，使赛项平台直接与行业企业技术发展前沿无缝对接。

三、衍生发展 职业化专业化

制度建设的目的是通过规范促进质量提升，大赛作为职业教育改革发展的一项创新制度设计，不仅在制度建设方面取得了突出成效，而且随着制度建设的不断深入，由规范化发展不断衍生出独特的职业教育大赛文化，在管理组织上、宣传理念上都体现出大赛的职业化、专业化。作为大赛文化的组成部分，无论是大赛徽标、宣传海报，还是奖杯、证书、纪念物品、大赛手册、活动手册等，其设计理念始终与大赛宗旨相契合。

1. 主赛区专业化组织团队——组织协调委员会

天津是大赛永久举办地和主赛区，2008 年，中共天津市委员会、天津市人民政府印发《关于成立全国职业院校技能大赛天津市组织协调委员会的通知》，根据要求从 2008 年大赛开始，成立由分管教育市领导担任主任，全市 20 余家委办局参与的全国职业院校技能大赛组织协调委员会。其主要职责是负责大赛期间天津市承办单位的竞赛场地建设以及有关天津市行政区域内的舆论宣传、住宿接待、市容环境、交通安保、医疗救护、食品卫生、电力保障等方面的工作，指导大赛办公室做好资格证书审核、发放工作，并负责大赛组委会成员的对口接待工作。

2008 年大赛天津市组织协调委员会办公室设在天津市教育委员会，同时设置 11 个工作组，分别是秘书组、接待组、新闻宣传组、安全保卫组、劳动准入和人才选拔组、市容环境组、交通口岸组、医疗卫生组、志愿者组、旅游酒店组、电力保障组，办公室主任由天津市教委主任担任，各工作组组长由相关委办局领导担任。2008 年组织协调委员会办公室又设置了 6 个工作小组，分别为"办公室、秘书处、竞赛组、后勤保障组、宣传组、招商组"，后经过职能整合调整为"秘书组、赛务组、接待组、财务组、安保组、宣传组" 6 个工作小组。

秘书组负责各种会议的会务、会议记录、会议纪要，收集、整理各种文件，编印《大赛手册》《活动手册》《竞赛指南》，各种证件的印制与发放，赛务用品采购与保管，汇总大赛相关信息等；赛务组负责赛场建设、设备购置、安装调试等管理，各赛项报名汇总，赛务联络及管理，编制《竞赛指南》，成绩统计的确定与上报，获奖证书管理等；接待组负责协调各地代表团入住宾馆，接待各地代表团人员、教育部领导、工作人员、专家及评委、各部委领导等与会人员，接送站工作，车辆调度等；财务组负责大赛经费预算，各种费用支出，经费决算等；安保组负责入住宾馆、赛场及各种活动现场安全，食品卫生检疫等；宣传组负责大赛相关信息采集，新闻发布会召集，新闻素材整理，接待各类媒体等。各组分工明确、职责具体，结合具体工作均配有相应工作方案。

2. 主赛区创新周赛机制——职继协同　双周推动

2015 年，国务院设立职业教育活动周，从 2016 年起，大赛作为重要活动与职业教育活动周整体并轨，2016 年职业教育活动周全国启动仪式暨全国职业院校技能大赛开幕式在天津举行。此后职业教育活动周全国启动仪式和第十届、第十一届大赛开幕式也都在天津并线举行。2016 年，活动周启动仪式之后，时任中共中央政治局委员、国务院副总理刘延东视察天津广播电视大学，利用视频互动系统现场与各地区活动现场进行连线，了解活动周开展情况，与社区居民互动，同时观看了天津群众艺术馆、社区书法体验室、杨柳青年画室等活动现场。自此"职继协同"理念在主赛区酝酿成型。

经过一年的系统设计，2017年职教活动周期间，"职继协同、双周推动"服务终身学习职教集团十年建设展示——暨国家现代职业教育改革创新示范区建设推动会，其作为大赛同期的国家级重要活动在天津城市职业学院举行。大赛结束后，市教委对"职继协同 双周推动"进行多次部署安排，将"职业教育活动周期间举办全国职业院校技能大赛；全民终身学习活动周期间举办天津市职业院校技能大赛"作为一种制度，深度设计，固化强化，长期坚持，相得益彰，不断扩大"双周双赛"影响，有效促进了职业教育和继续教育协同协作，融合发展。同年11月，第十一届社区教育展示周暨2017年全民终身学习活动周与2017年天津市职业院校技能大赛暨2018年全国职业院校技能大赛选拔赛同期举办，自此之后，天津市始终坚持"职继协同 双周推动"的"双周双赛"机制。

2018年，《职继协同，构建区域型职教集团，为建设学习型城区提供有效供给的创新实践》获得国家级教学成果奖一等奖。

3. 主赛区特有宣传团队——职教宣传队 学生记者团

"办赛质量保证后，大赛决胜靠宣传"，可以看出宣传工作对于大赛整体工作的重要性。每届大赛，都是全国媒体聚焦职业教育时刻，各路媒体云集赛区，竞相报道职业院校技能选手风采。从 2016 年开始，在主赛区竞赛现场和活动现场总是活跃着两支极其特殊的宣传团队，他们就是由组织协调委员会宣传组组织的职教宣传队和学生记者团。团队组建的初衷，就是要拓宽宣传视角，从学生和教师的视角去宣传和报道赛事和活动，丰富和补强媒体宣传报道视角和内容。

2016 年，宣传团队将职业院校零散宣传资源和人员进行统筹整合，以学校宣传部专业人员为基础组建团队，大赛承办单位宣传工作团队为核心成员，外围选择职教活动周活动策划好的院校加入。赛前，团队每人均需设计宣传专题或宣传重点，使全体团队成员宣传报道更加有的放矢，更具针对性。学生记者团队以广播影视专业学生为核心，外围选择其他专业或学生社团有兴趣参与的学生，按照各院校的活动和方案分配参访任务，两支队伍的报道信息与主流媒体进行共享，形成宣传报道集锦上传信息中心、上报教育部，形成宣传平台矩阵。在"精彩十年"期间，45 名教师组成的职教宣传队和 130 名学生组成的学生记者团，对大赛以及同期活动进行了为期一周的全方位、立体化、内涵性的跟踪报道，制作新闻视频 20 余个，新闻报道稿件 160 余篇，其中《烹饪大师走进青年学院秀"绝艺"》《舌尖上传承的"工匠精神"》《小人物 大匠心》等报道被多家媒体刊载。

4. 主赛区品牌文化设计——标识、海报、活动手册

齿轮标：

这是自 2008 年开始一直使用的"齿轮"标识，为天津主赛区标识。

徽标主体由一个抽象的青年与一个齿轮相结合，象征着专业知识与动手能力结合，体现出职业教育中"工学结合"的人才培养模式。齿轮之上抽象的青年又好似一本展开的书，寓意职业院校的青年学子在认真研修理论知识的同时，注重实际能力和技能的提高。标识上端的橙色好似朝阳，象征着我国职业教育蓬勃兴旺，同时也寓意着全国的职教事业正在生机无限的大环境中协调有序地全面发展。标识以蓝色为主色调，象征着大赛的公正、公开与公平，更是希望选手们能在技能大赛这个宽阔的舞台上实现自己的理想，展示出职业院校学生积极向上、奋发进取的精神风貌和熟练的职业技能，营造全社会关心、重视和支持职业教育的良好氛围。

五星标：

2012 年第五届大赛开始，天津主赛区同时使用"齿轮"与"五色星"两个标识。这是大赛统一使用的"China Skills"五色星标识。分赛区在五色星大赛标识下标注"中国·XX"（如：中国·北京）。

红、黄、蓝、绿、黑的五星，象征一只正在操作的手，象征技能大赛激发学生的创意火花，五星图案同时鼓舞职业院校学生胸怀祖国。

"精彩十年"火炬标：

"精彩十年"标志设计力求简洁、活泼、大方。"10"为主要创意元素，以蓝色为主色调，由全国职业院校技能大赛"五星标"和"齿轮标"演变形成，左上方为"火炬"，以橙色为主色调，象征大赛是职业教育改革发展的风向标。整体标志犹如一只昂首的"雄鸡"代表 2017 年即丁酉鸡年，同时也寓意着中国现代职业教育蓬勃发展与奋发向上。

活动周标识:

这是全国职业教育活动周的统一徽标,自 2015 年开始使用。标识设计以手为造型基础,突出"手"这一主题元素,简洁贴切地勾画出职业教育的可视形象,昭示着"劳动光荣、技能宝贵、创造伟大"。特别是"手掌"的设计经过巧妙处理,融入"齿轮"轮廓,强化设计主题的"职业性",突出"产教融合"的含义。同时,字母"e"是教育的英文首字母。通过"e"的变形,直观地为标识引入"互联网+"的时代背景,彰显我国职业教育的"现代性"。五个张开的"手指",使得整个标识似冉冉升起的一轮朝阳,昭示中国职教的基础地位和职教中国的精彩未来。通过五种色彩的变化,象征职业教育国际化。整体设计以象征技术技能人才的蓝色为主题色,融合中国风的笔墨元素,既展示中华优秀传统文化的艺术魅力,又展现我国现代职业教育体系的"中国"属性,图案构成流畅自然,沉稳而又生动简洁,便于传播使用。

此外,2008 年—2019 年十二届大赛宣传海报设计也各有特色,每届 2 张总计 24 张,每届其一是天津主赛区特色海报,以天津蓝为基调颜色,凸显时代技术技能符号,配以天津城市风貌等元素,主要目的是展示主赛区风采;其二是技能大赛宣传海报，其内在精神、宣传主旨是一贯的，就是要为莘莘学子锻造出一双双"技能的手""智慧的手"，弘扬劳动光荣、技能宝贵、创造伟大，以一技之长帮助他们开创出彩人生。

大赛颁发的奖杯、证书、纪念品和参赛选手统一穿着的队服，共同构成了丰富多样的大赛文化，见证着大赛一路走来的光辉历程，创造了全国职业院校技能大赛的文化氛围。

广义上分析大赛文化，可以分成有形文化与无形文化。有形文化属于文化中的硬件部分，如大赛徽标、海报、队服、奖杯、证书以及各种纪念品；大赛的宣传手册、画册，各类赛项指南、宣传的横幅、标语口号、媒体宣传；各种活动、展览、博物馆等。这些有形文化是实现大赛目的的载体和途径。比如大赛《活动手册》，从2016年职教活动周启动仪式在天津举办以来，整体设计逐步升级，手册整体内容更加权威翔实，编制更加精美细致，每届开幕式都要作为重要文本材料提供中央领导、各地代表及社会各界人员使用，主要内容除编制活动周、大赛和天津主赛区简介，赛项和活动指南等常规项目外，还根据年度特色插入天津国家示范区建设成果、职业院校特色活动精彩参观线路推荐等内容，温情有效地向使用者全方位展示大赛，同时借助《活动手册》达到了扩大影响的目的。

无形文化即精神文化，是指大赛渗透的价值观念、道德规范、行为准则、理念态度等，以及大赛对于选手、参加者的精神面貌、心理素质等所产生的潜移默化的影响。在文化建设中，精神文化是目的，是大赛文化的核心部分。大赛的精神文化随处可见，大赛现场秩序井然，比赛严格规范，裁判公正严明，选手团结协作，制度严谨创新，这本身传递的就是一种价值理念，一种文化氛围。精神文化不仅体现在赛场上，更延伸到赛场之外。师生们乐于参加大赛，因为大赛在职业院校内部促进了良好学习氛围的形成，参加大赛不只是为了获得荣誉、取得成绩，更重要的是可以利用这样的机会和各地院校师生交流经验。选手通过大赛了解企业发展最新动态，接触更新更前沿的技术水平和技术需求。大赛为广大职业院校的师生们、为职业教育工作者提供了一个展示自我、互相交流、提升价值的广阔平台和空间。

链接 5-1：2018 年全国职业院校技能大赛组委会

主　任：陈宝生　教育部党组书记、部长

　　　　张国清　天津市委副书记、市长

委　员：孙　尧　教育部党组成员、副部长

　　　　陈浙闽　天津市委常委、宣传部部长

曹小红　天津市副市长

连维良　国家发展和改革委员会副主任

徐南平　科学技术部党组成员、副部长

陈肇雄　工业和信息化部党组成员、副部长

陈改户　国家民族事务委员会副主任

顾朝曦　民政部副部长

余蔚平　财政部副部长

汤　涛　人力资源和社会保障部副部长

王春峰　自然资源部党组成员

翟　青　生态环境部副部长

易　军　住房和城乡建设部副部长

刘小明　交通运输部党组成员、副部长

田学斌　水利部副部长

张桃林　农业农村部副部长

李景龙　商务部人事司司长

李　群　文化和旅游部党组成员、副部长

曾益新　国家卫生健康委员会副主任

王浩水　应急管理部党组成员

刘　强　国务院国有资产监督管理委员会党委委员、
　　　　副主任

曾丽瑛　国家粮食和物资储备局副局长

董志毅　中国民用航空局副局长

王志勇　国家中医药管理局党组成员、副局长

洪天云　国务院扶贫开发领导小组办公室副主任

田　辉　中华全国总工会书记处书记

傅振邦　共青团中央书记处书记

方乃纯　中华职业教育社党组书记、总干事

刘占山　中国职业技术教育学会常务副会长兼秘书长

王　伟　中华全国供销合作总社理事会党组成员

　　　　（正部长级）

于清笈　中国机械工业联合会执行副会长

范顺科　中国有色金属工业协会党委副书记

曾　坚　中国石油和化学工业联合会党委常务副书记

何黎明　中国物流与采购联合会会长

孙瑞哲　中国纺织工业联合会会长

王虹桥　中国煤炭工业协会副会长

秘书长：王继平　教育部职业教育与成人教育司司长

第六篇 ▼
德技并修

引 语

党的十八大以来，以习近平同志为核心的党中央高度重视教育工作，明确提出立德树人是教育的根本任务，要培养德、智、体、美、劳全面发展的社会主义建设者和接班人，要加强社会主义核心价值观教育，鼓励青年学生做新时代的奋进者、开拓者、奉献者，为实现中国梦奉献智慧和力量。

职业教育承担着为国家培养高素质技术技能人才的重要使命，做好立德树人，要坚持产教融合、工学结合、校企合作、知行合一，要将知技协进、德技并修、全面培养贯穿到教育教学全过程中。

大赛以"德技并修"的职业精神和"精益求精"的工匠精神为指导，不断完善顶层设计。每届大赛都要举办德育方面的同期活动，各项活动主题鲜明，立意深远，传承中国优秀传统文化，构筑了大赛亮丽风景。

一、德育主线 引领大赛发展

按照知技协进、德技并修、全面培养的实践性要求，德育这一工作主线始终贯穿大赛全过程，助推大赛发展。

无论是在大赛赛场内，还是赛场外，无论是方案设计、赛事规程、竞赛要求，还是赛场氛围、活动举办、成果呈现，大赛都体现德育工作主线。历届大赛注重设计德育实践活动，或会议推动、或宣传展示、或演讲交流、或志愿服务，强调为大赛赛事做服务，为居民社区做奉献。借助大赛平台扩大示范效应，为职业院校实施德育教育搭建了重要载体，有效推动了德育工作健康发展。

1. 大赛成为落实立德树人根本任务载体

2009 年大赛期间，由教育部、中宣部、中央文明办、人社部、团中央和全国妇联六部门联合组织的全国中等职业学校德育工作会议在天津主赛区召开。此次会议是新中国成立以来第一次全国中等职业学校德育工作会议，会前印发了六部门《关于加强和改进中等职业学校学生思想道德教育的意见》。刘延东同志专门为此次会议写了贺信，贺信中指出，加强和改进中职学生思想道德教育工作，对于促进职业教育事业健康快速发展，提高我国产业大军的素质，确保中国特色社会主义事业兴旺发达、后继有人，具有重要而深远的意义。要坚持以人为本，遵循中职学生身心发展的特点和规律，努力培育有理想、有道德、有文化、有纪律，德智体美全面发展的中国特色社会主义事业合格建设者和可靠接班人。要进一步增强中职学生思想道德教育工作的针对性、实效性、时代性和吸引力。时任教育部部长周济代表六部门做工作报告，时任教育部副部长鲁昕作会议总结讲话，提出每年大赛期间都要有专门的德育活动。

2014 年大赛期间，全国职教系统培育和践行社会主义核心价值观座谈会在天津召开，会议主题为"践行核心价值观，成就职教强国梦，职校生大有可为"。来自全国各地职业院校的代表就如何培育和践行社会主义核心价值观等主题开展了深入交流和研讨，与会代表表示，要用社会主义核心价值观凝聚职教力量，为建设中国特色现代职业教育体系，实现强国梦贡献职教的力量；要用行动践行社会主义核心价值观，将核心价值观内化于心、外化于行，并融入教育全过程。

2015 年大赛期间，贯彻落实中等职业学校德育大纲座谈会在天津市红星职业中等专业学校召开。时任教育部副部长鲁昕出席会议并发表讲话，她指出全国职业院校要将新修订德育大纲的制度规定转化为具体工作举措，创造性地融入学校日常德育、专业教学、学生管理等工作中去，实现课程育人、活动育人、实践育人、文化育人、管理育人有机融合。

2. 大赛推动全国职业院校德育工作交流

2010 年大赛期间，全国中等职业学校德育工作表彰会暨经验交流会在天津隆重举行。刘延东同志在会上发表讲话指出：德育工作要重点强调德育的时代性、科学性和时效性，要坚持全过程育人、全方位育人的原则，将德育工作贯彻到对中职生教育教学的全过程中。会上还对全国 200 个先进集体和 304 名先进个人进行了表彰。

2011 年大赛期间，由中组部、中宣部、教育部、共青团中央联合举办的"永远跟党走"职业学校育人事迹报告会在天津召开。事迹报告团 6 位育人典型做先进事迹报告，刘延东在报告会后接见了报告团成员并发表讲话，她指出，职业教育必须把提高人才培养质量，提升职业教育服务水平作为核心任务抓紧抓好。希望职业学校的广大教师以 6 位育人典型为榜样，坚定跟党走的信念，热爱职业教育事业，刻苦钻研业务，进一步提升教育教学水平；关爱每一名学生，努力成为学生的良师益友，根据职业教育的特点和学生的身心发展规律有针对性地实施教育，重点培养学生职业道德、职业技能和就业创业能力。

2012 年大赛期间，教育部等多部门在天津联合召开"全国职业院校德育创新暨校园文化建设工作座谈会"。会议以"社会主义核心价值体系为引领，创新职业院校德育工作，加强校园文化建设，推进文化育人"为主题，分析了新时代职业院校德育工作面临的新形势、新任务；总结、交流了各地各职业院校开展德育工作的创新思路和具体举措，会上还就职业院校德育创新的载体和途径进行了深入研讨。

3. 大赛搭建职业院校德育工作成果展示平台

2013 年大赛期间，由教育部、中央文明办和共青团中央共同主办的全国职业院校"我的中国梦"主题演讲会在天津中德职业技术学院举行，全面展示职业院校开展"我的中国梦"教育活动阶段性成果。现场演讲的 10 名师生是从各省评选出的 150 余名优秀师生代表中遴选出来的，其中有高职学生 4 人，中职学生 3 人，教师 3 人。他们畅谈对"中国梦"的理解和认识，阐释个人理想与"中国梦"的关系，展望个人与伟大祖国的美好未来，表达投身实践、立志报国的决心以及落实的积极行动。演讲深深打动了台下的观众，不时赢得阵阵掌声。

2016 年大赛期间，全国中等职业学校"文明风采"竞赛与大赛、活动周同期举办。"文明风采"竞赛活动是加强和改进中等职业学校德育工作重要活动之一，对于增强职业学校德育工作的针对性和实效性、提升办学水平，培养学生职业精神、提升学生思想道德素质和综合素养，促进学生全面和可持续发展，弘扬"劳动光荣、技能宝贵、创造伟大"的时代风尚具有重要意义。

2017 年大赛期间，"我与大赛的故事"——全国职业院校技能大赛获奖师生优秀事迹分享会在天津职业大学举行。分享会旨在充分发挥大赛获奖师生的引领作用，引导学生自觉培育和践行"工匠精神"，有力推动教风学风建设，广泛营造"大赛点亮人生，技能成就梦想"的良好氛围，潘婷等 4 名全国职业院校技能大赛获奖学生和 4 名大赛优秀指导教师通过演讲、访谈的形式介绍夺冠和成长成才经历，充分展示了获奖学生及指导教师的风采。

4. 大赛促进区域思政课程联盟建设质量提升

2018 年大赛期间，在北京市教育委员会、天津市教育委员会、河北省教育厅共同指导下，由京津冀职业教育教学协同发展联盟主办的"京津冀职业院校思政课程教育成果交流展示活动"在天津成功举行。活动发挥京津冀职业教育教学协同发展联盟"共研、共建、共用、共享、共赢"的平台功能，与会专家学者借助展示平台分享交流好的经验做法，特别是在职业院校意识形态阵地建设过程中遇到突出问题和解决方法，并就积极推动习近平新时代中国特色社会主义思想进课堂、进教材、进头脑这项固本工程展开深入研讨。

2019年大赛期间，海河教育园区思想政治教育实践基地体验活动在天津举行，来自海河教育园区思政联盟建设单位教师学生和大赛期间来津各界代表近千人入馆参与体验。5000平方米的基地，分为"序厅""新时代、新思想""沿红路、寻初心""明明德、晓律法""立匠心、育匠人"五大部分，参与的学生和教师通过使用和体验基地内多项实践教学模块，充分感受到海河教育园区思政联盟在思政课程建设方面改革与创新成果，通过"浸入式"教学情景，让参与体验的师生感受到了思政课中真理的魅力，全面有效提升了学习获得感。

二、崇德精技 孕育工匠精神

国务院总理李克强在对第十届大赛重要批示中指出，希望技能大赛贯彻新发展理念，坚持工学结合、知行合一、德技并修，坚持培育和弘扬工匠精神，努力造就源源不断的高素质产业大军。总理重要批示为大赛发展及定位指明了方向，大赛是职业技能和职业精神相融合发展平台，培养选拔的技术技能人才，在强调"职业、实践、操作"的同时必须更加关注职业精神、道德素养和可持续发展能力。

大赛赛场是职业院校学生职业实践的重要载体。从赛前备战、赛项考核设计到赛场模拟练兵，赛场内外无不体现职业道德、职业理想的潜移默化和培养，体现企业对具体岗位的实际要求，体现"职业精神养成与职业技能培养兼顾"的育人理念。在大赛中开展德育教育，一改日常课堂乏味空洞的说教，通过大赛身临其境的真实感知，学生职业素养、职业技能及思想品德都将得到大幅度提升。

1. 大赛与学生"工匠品格"的培养

大赛不仅是对学生动手能力与技能水平的磨炼，更是对其团队协作能力、交流沟通能力、解决问题能力、创新实践能力以及成本意识、质量意识、安全意识等职业素养的塑造过程。在现有三级竞赛体系中，对参加国赛的学生来说，意味着一次又一次的挑战，一层又一层的选拔，参赛学生要面临全国选拔出来的最优秀竞争对手。这需要每名学生都要付出艰辛的努力，克服异于常态的困难，更需要一个强大稳定的心理。同时大赛也为学生间搭建了一个协同、合作、创新的平台，他们竞争的不仅是技术、是工艺，还有创新应变能力、团队合作能力和社会交往能力，学生们在这些竞争中遇到的挫折和难过、胜利和惊喜、迷茫与坚持、自尊与自信、执着与坚持、宽容与合作都会融入其日后"工匠品格"的养成中，所有的经历都将使他们受益终身。

大赛对参赛学生的选拔和培养，是对"培育未来大国工匠"教育使命的有力践行，大赛"人人皆可成才"理念就是以人的素质培养和提升为根本点。大赛传承因材施教的基因，注重对学生先天禀赋和专业兴趣的保护和开发，通过开放性赛项设计与实施，真实性环境搭建与营造，创新性成绩考核与评价，确保了每名学生在大赛赛场上异彩纷呈、极具创意的发挥与表现。

2013 年第六届大赛以来，50%以上的赛项设立团体赛，注重打造团队合作精神，有效激发学生的协同互助的训练激情。指导教师作为大赛重要组成部分落实育人要求，将品德教育、感恩教育与技能训练深度融合，协助学生提高技能水平，培养团队意识，增强互助精神。通过指导教师和参赛选手的完美配合，双方勠力同心、艰苦努力，师生在大赛期间得到共同成长，真正实现教学相长，师生取得的是大赛的奖杯与名次，但更深层次看，他们得到的是自我价值的证明与实现，工匠品格的锻造与锤炼。

2. 大赛与学生"工匠素质"的塑造

大赛在流程设计上，严格遵循真实工程、真实世界、现实生活要求，贴近行业和岗位需求，比赛中要求学生遵照规范的生产操作流程，在高度仿真的环境中，按照具体的工作要求与流程开展竞赛并获得真实的职业技能，是全国职业院校技能大赛的设计初衷。大赛的项目设置紧盯行业热点与技术前沿，与工作实际结合紧密，例如：数控机床装配、调试与维修赛项，其中包括的机械识图、机电联调与故障诊断、数控机床基本操作、编程与试切加工、加工精度与测量等内容，都基于真实的工作任务设计，这些正是企业数控维修人员必备的职业技能，大赛促进了产教深度融合、校企深度合作的要求，实现了技能考核与岗位需求零对接，使学生在毕业就业阶段实现无需岗前培训直接上岗。

大赛在考核标准上，突出德技并重的设计，一方面，强调考核学生技能精益求精程度，例如：装配钳工技术赛项，在装配工艺和精度上提出追求极致要求，其配合和运动精度需达到 0.03mm（人体头发丝的 1/2）标准；另一方面，也要求学生具备真实从事此项工作的职业素质，例如：2016 年大赛期间，部分赛项将操作过程作为评分的重要依据，考核学生规范摆放用具，保持场地整洁，履行操作程序等。还有一些特殊赛项，例如：化工生产技术赛项，将是否按规范操作，是否注重安全流程作为一票否决条件纳入考核标准。

大赛高度注重学生的潜在创新能力挖掘和后续职业生涯发展。在考核标准的设计上，90%以上的赛项将职业素养纳入考核范围，自 2013 年以来 50%以上的赛项是注重团队合作的团体比赛。对学生综合职业能力考核方面则更加注重创新创意，40%以上的赛项加强了这方面的考核权重，例如：三维建模数字化设计与制造赛项，比赛内容包括"数据采集、建模与创新设计"和"创新产品加工、装配验证"两部分，重点考核参赛学生的自由创新能力。

3. 大赛与学生"工匠信仰"的树立

"工匠精神"需要"工匠信仰"，大赛就是要通过培育和选拔过程，让学生建立起"从容独立、踏实务实；摒弃浮躁、宁静致远；精致精细，执着专一"精神信仰，让心灵进入"精益求精"的精神家园，通过一次次的训练和比赛，不断深入地打磨学生的耐心、恒心、匠心，千锤百炼、久久为功，让学生对职业心怀敬畏、对工作认真执着、对产品求精负责。

大赛作为职教领域展示职教成果和师生才华的重要平台，承担对学生进行工匠品格、工匠素质、工匠信仰培养塑造树立的重要使命，是培养大国工匠的重要契机。从制度设计、项目设置、比赛内容再到选手考核等各个方面，技能大赛无不体现着对"工匠精神"追求和信仰。赛场上大赛选手表现出的"从容不迫""胸有成竹""镇定自若""气宇轩昂""聚精会神""意气风发"的精神面貌，是对"工匠"最好的诠释。通过大赛的举办，"工匠精神"在中国职业教育领域得以完美孕育，在莘莘学子身上得以继承弘扬。

三、安教乐道 现代职教之品

大赛赛场上的主角是职业院校的学生，但场外还有一个非常重要的角色就是指导教师，指导教师是推动大赛发展的原动力，所以坚持德技并修要求，不仅适用于学生，同时适用于指导教师，基于教师与学生之间"传道、授业、解惑"的特殊关系，指导教师在指导大赛过程中更应注重对学生德技并修的培养。

经过十二届次大赛发展与实践，众多指导教师在其中成长受益，大赛也有效推动了职业院校教师的"德技并修"，成为教师"双师"素质提升的催化剂、师资团队建设的助推器。参与大赛的指导教师胸怀国家、志存高远，严格遵守行业操守及行为准则，紧贴企业技术工艺标准，精心设计竞赛装备及赛项内容，从"德、技"两方面全方位提升能力。教师通过参与大赛，自身的思想品德、职业素养、专业认知、实践能力等方面都得到了快速提升，在回归学校的日常教学中也都逐渐成为业务骨干。

2015 年，教育部与天津市人民政府签订国家现代职业教育改革创新示范区协议，为落实协议要求在健全职业教育体制机制、创新职业教育模式、完善职业教育制度、建设现代职业教育体系"四个方面"走在全国前列，天津借助大赛主赛区和示范区双平台优势，加大对立德树人、德技并修、教书育人等方面工作的探索与研究，努力构建具有天津特点、体现天津气质的职业教育话语体系。

2017 年 4 月"安教乐道·现代职教之品"首次被天津主赛区大赛工作团队提出，并决定将其作为示范区"立德树人、德技并修"优质品牌，大赛期间设计并举办主题活动。"安教乐道"可诠释为"安教"是为师生提供一个安全、安静、安心保障的教学环境，一个品味、品质、品格熏染的校园环境，"乐道"是为师生创建一种淬炼工匠、教学相长、理实一体的教学情景，一种职业能力、技艺文化、职业素养的熏染氛围。"安教乐道"蕴含着对现代职业教育打造安全绿色育人环境的要求，对培育精益求精的大国工匠精神的追求，对现代职业教育人执着于事业的坚定信仰的赞扬和要求，对传承社会主义核心价值观凝聚时代精神的推崇，对弘扬劳动光荣、技能宝贵、创造伟大时代风尚的诠释。"安教乐道"是构建现代职业教育体系的重要实践，是天津职教之品，也是中国职教之品。

2017 年，第十届大赛期间，"安教乐道·现代职教之品"——职业院校"五风建设"交流会在天津举行。近 50 所职业院校教师及学生代表参加交流会。此次会议是"安教乐道"品牌系列活动的首场，会议通过理论政策研讨、实践交流互动，情景剧幕展演等形式，全面展示了崇德尚能、循循善诱、诲人不倦的"教风"；苦练技能、面对失败仍然坚持的"学风"；纸笔交流、技能比武、诚信对话的"考风"；青春无悔、筑梦扬威、展现风貌的"班风"；历史积淀、人文传统严谨治学的"校风"。会议明确了"五风建设"核心是"教风"的工作着力点，并就示范区如何持续加强"教风"建设，加大对"双师"型教师队伍的培养与打造等问题提出了后续具体的工作要求。

2018 年，第十一届大赛期间，"安教乐道·现代职教之品"——师德师风建设研讨会在天津城市建设管理职业技术学院举行。此次研讨会的主题是"明德、传道、立业"，会议全面回顾了天津作为国家现代职业教育改革创新示范区以习近平新时代中国特色社会主义思想和党的十九大精神为指引，全面贯彻落实国家职业教育建设要求，广大职业院校教师落实立德树人根本任务，锐意进取、奋发有为、创新竞进的精神状态和运用新发展理念推动全面深化改革各项工作中所取得的实际成效。与会专家提出，"安教乐道"融合了践行核心价值观和凝聚最美中国梦核心要义；是弘扬工匠精神和推进五风建设的首要工作；是兴教之器、强教之基；是天津职教之"品"质；是现代职教之"品"牌。研讨会发出集体倡议，号召广大职业院校教师都要坚守"安教乐道"现代职教之品质，"不忘初心"培养技能人才，"知行合一"造就大国工匠。

2019年，第十二届大赛期间，"安教乐道·铸魂育人"——牢记"六个要求"贯彻"八个相统一"推进思政课程建设研讨交流活动在天津召开。此次研讨会以"安教乐道·铸魂育人"为主题，深入贯彻落实习近平总书记在学校思想政治理论课教师座谈会上的讲话精神。会议邀请到出席学校思想政治理论课教师座谈会的广东水利电力职业技术学院林冬妹教授，以及天津师范大学马克思主义学院副院长李朝阳教授，分别作了精彩的专题报告。同时邀请来自京津冀三地4位职业院校党委书记，就学习贯彻习近平总书记在学校思想政治理论课教师座谈会上重要讲话精神的落实情况进行了交流分享。

四、面向人人 技能成就未来

十二届次的国赛，112270 人次，国赛参赛选手，71542 名国赛获奖选手。他们原本是普通的职业院校学生，但他们都怀揣着人生出彩的梦想，并为之不断努力。

十二个年头，2008 年到 2019 年，在大赛这个特殊的舞台，职业院校学生们凭着对梦想的执着、对荣誉的渴望和一身过硬的技能，一路过关斩将，终于站上了最高领奖台，成为名副其实的"技能状元"。

他们是千万职业院校学生的优秀代表，"一分耕耘一分收获"，在人生的道路上，他们迈出了坚实的一步，在成绩的背后，他们付出了辛勤的努力和汗水，他们得到了久违了的人生自信和职业信仰。

1. 博览知学浅 敢做有为人

——2008 年国赛一等奖获得者　王警

王警，现为中国航天科工集团二院 23 所数控车技术人员。在校期间，他勤学善思、博览群书，坚持用知识充实自己。由于成绩优异、能力突出，多次被学校评为"三好学生""优秀共青团员""优秀班干部"。

　　和大多数"80后"不太一样，他有一个从小就落下的、被戏称为"毛病"的爱好——和机器打交道。他喜欢控制机器的"感觉"，打开数控机，轰鸣的机器声音就像跟他在说话；旋转按钮，机器就很听话地给予了回应。

　　全国职业院校技能大赛这一平台，给了他让"毛病"成为职业的可能。2008年，他在天津职业大学机械制造及自动化专业读大二，老师找上这个实训成绩突出的"学习尖子"，拿出一份大赛报名表，王警二话没说，"拿起笔就填报了"。在备赛的过程中，他告别了假期，每天在实训室、教室、寝室间来回奔波，将自己满腔的热情投入到训练当中。他回忆说："其实在训练中，也曾经想过要放弃，中间有一段时间太累了，可以说是身心俱疲。"但是，想到从小到大的梦想，他还是克服困难，咬着牙坚持了下来。在比赛中，他不畏强手，精心操作，荣获当届大赛高职组"产品部件的数控编程、加工与装配"赛项一等奖，并得到保送专升本的机会。

　　本科毕业后，这位曾经的国内顶级技能大赛的翘楚，十分顺利地跨过了中国航天界最高端科技企业——中国航天科工集团的门槛。入职不到半年，王警再次出征，在航天二院的技能竞赛中夺得数控组竞赛理论知识和实际操作的"双料冠军"，荣获航天科工集团公司"航天技术能手"荣誉称号。

　　在大多数"80后"为理想而迷茫，乃至为现实的房子、车子、票子而苦恼时，王警却很少为这些发愁。他说："能把自己想要的东西，通过双手从一个想法打造成现实，就是最大的享受。"

2. 三思方举步 百折不回头

——2010 年国赛二等奖获得者　陈昆

陈昆，鄞州职业教育中心学校电气技术应用专业学生，2010 年全国职业院校技能大赛（中职组）单片机控制装置安装与调试赛项二等奖获得者。目前任职于宁波巨神制泵实业有限公司，作为一名核心技术骨干，被公司任命为"低压成套开关设备"企业技术负责人。

2008 年，中职学校卷起一场前所未有的以赛促教改革风暴。也是这一年，那个富有梦想、对未来充满希望的年轻人来到了鄞州职业教育中心学校，他就是陈昆。2009 年，陈昆加入了鄞州职业教育中心学校的"单片机控制装置安装与调试"赛项竞赛训练队，参加了宁波市技能大赛，获得了一等奖。随后，陈昆又代表宁波市参加了浙江省技能大赛，力拔头筹，并获得了代表浙江参加全国职业院校技能大赛的资格。在备战全国大赛的过程中，他一心扑在训练上，不知道重复了多少次操作，汗湿了多少件衣服。陈昆说："每次训练结束后，我都是拖着疲惫的身子回去的，虽然觉得很苦，但心里还是很开心，因为每一天都会有新的收获，觉得这一切都值得。"

"宝剑锋从磨砺出，梅花香自苦寒来。"他的努力付出最终有了回报。在2010年全国大赛中职组"单片机控制装置安装与调试"比赛中，陈昆沉着冷静应战，熟练规范操作，赢得专家青睐和赞赏，以优异的成绩荣获二等奖。

成绩的获得，离不开学校的支持和指导老师的付出，更离不开全国大赛的平台。通过参加大赛，陈昆由一位普通的中职学生成为学校的"名人"，由一位初学者成为"技能达人"。在这个成长过程中，他不断提高对自身的要求和努力的目标，使自己在压力中不断成长，自信心也得到了极大提高，这些都成为他工作后获得成功的主要因素。

中职毕业后，陈昆被一家民营企业录用，从事专业技术工作。中职阶段的竞赛经历教会了他如何面对新环境，如何更快地掌握新知识和新技能，使他顺利地完成了从学校到职场的转变。2013年，公司组建"省级技术研发中心"，遇到很多技术问题。其中，潜水泵的防水漏电保护一直是最难解决的问题：工作中潜水泵经常因漏水烧毁。陈昆凭借自身具备的单片机技能、发散性思维模式与逻辑思考能力，经过半年的努力，发明了一套完善的潜水泵保护控制装置，成功解决了这个难题。同时，这套装置也获得了企业、专家、行业的认同和肯定。2014 年 4 月，陈昆成功申请了国家"潜水泵保护控制装置"实用新型专利。此后，陈昆又设计开发了泵站移动式卷扬机，也获得了实用新型的专利保护。

2014 年 9 月，陈昆被邀请参加第十一届中国科学家论坛，在人民大会堂这个神圣的会场中，他发明的"潜水泵保护控制装置"获得 2014 年度中国科技创新最佳发明技术奖。陈昆从一名普通的技术工人，一跃成为享誉行业、企业的科技创新发明人。

3. 虚心成大器 细微现人才

——2010 年、2011 年国赛"双"一等奖获得者　刘月明

刘月明，长春市农业学校畜牧兽医专业学生。2010 年、2011 年大赛中职组"动物外科手术"赛项一等奖。

"工欲善其事，必先利其器。"刘月明在校期间担任学习委员，虚心刻苦，常常第一个走出宿舍，最后一个离开教室。无论是学习理论知识，还是亲自动手练习技能，她都珍惜每次提升自己的机会，曾两次获得一等奖学金，多次获得"三好学生""优秀学生干部"等荣誉称号。

2010 年 4 月，经过多次考核筛选，刘月明凭借优异成绩，最终被校领导、指导老师选拔成为省代表队畜牧兽医专业选手。比赛的项目是动物外科手术，是由"动物术前检查、药

物的使用及计算、无菌手术的准备、手术切口、患病部位处置、缝合、术后护理"等一系列综合技能组合而成，每项技能必须熟练达到专业水平，才能在激烈的比赛中脱颖而出，这对于一个未走向岗位的在校学生是非常艰难的。但是她并没有因为困难而气馁，她坚信勤能补拙。在练习组织缝合时，她因为缝合效果不理想，坚持从早上练习到晚上，常常连吃饭都忘记了。每次练习她总是最早到达实训室，把所有工作都准备完，然后复习昨天学过的项目。

机会总是留给有准备的人，经过长达2个月时间的集训，她终于在2010年6月全国大赛中获得"动物外科手术"一等奖，同时获得农业职业技能鉴定指导中心颁发的动物疫病防治员高级职业资格证书。

在比赛过后，刘月明并没有骄傲地止步不前，她始终坚持学习，认真训练。2011年，她再次参加全国大赛，又一次获得"动物外科手术"赛项一等奖。

两次冠军的荣誉让刘月明在毕业时收到多家大型企业抛来的橄榄枝，但都被她拒绝了。尽管可能错过高薪，错过更好的个人发展，刘月明依然选择留在母校工作，她要报答农校对她的培育之恩，她愿将她所学到的知识全部奉献给母校，献给曾经关爱、曾经鼓励过她的这片热土。

2014年6月，在不断努力和潜心学习后，刘月明在家乡四平创业，开了"明康动物诊所"，深受患主的好评。2016 年 10 月 19 日，《四平日报》以《宠物情缘背后的商机》为题，对刘月明进行了报道。开业以来，诊所的顾客不断增多，需求也随之增加，刘月明也为此开设了宠物寄养、宠物美容等一系列新的项目。现在，她在为将来开一家更大规模的宠物医院做储备。

"健康所系，性命相托"是刘月明的宣言，她愿把一生奉献给喜爱的宠物服务事业，减少宠物遭受疾病痛苦，凭着良好的医德做最好的宠物医生。

4. 鲲鹏展翅飞 志向凌云高

——2014 年国赛一等奖获得者　朋措旺加

朋措旺加，四川国际标榜职业学院艺术系平面专业学生，2014 年全国职业院校技能大赛（高职组）"英语口语"赛项一等奖获得者。

朋措旺加的家乡在青海省玉树州的一个小山村。如果不是因为一场突如其来的车祸，朋措旺加可能从没想过离开家乡。在家乡从事导游工作的他，是当地的小小名人，工作自由，收入颇丰。但是，2010 年的一场车祸，让旺加的人生跌入深渊。当医生告诉他从此不能行走的时候，旺加说："那一刻，我想到了死"。在家人的鼓励下，2012 年，朋措旺加第一次离开家乡，从遥远的青海，来到中国西部的四川成都求学。"既然我捡回了一条命，我就不会向命运屈服，没有了腿，我还有手，学一门技术，我一样有用！"

全新的大学生活如一抹阳光，驱散了久日的阴云，也激发了这个藏族学生学习的热情。标榜学院的师生们给予了这个孩子特殊的爱，时时刻刻关注着他的学习和生活。在大家的关心和帮助下，专业课、选修课、综合课、讲座，朋措旺加一节不落。课堂上听不懂，旺加下课就拦着老师问；完成不了的作业，旺加就通宵达旦地做；初次做得不好，旺加就二遍三遍甚至几十遍、几百遍地反复练习。除了学习上刻苦，旺加还是校园小明星，晚会、社团活动、国际交流活动，处处都有他的身影。学校藏历新年晚会上，旺加和来自学院其他专业的藏族同学一起成立了乐队，为大家献上了欢快的藏族歌曲，让所有同学领略了活跃、热烈、朴实、优美的藏民乐。

旺加更是一个"英语爱好者"，腿脚的不便虽然限制了他许多活动的能力和范围，但并不能影响他了解世界、热爱生活的激情。他说："我要建一个网站，一个展现中国优秀藏族文化的网站，一个汇聚全世界各个国家的大学生交流学习的网站，这个网站有英文版、汉语版还有藏文版。"为了这个目标，朋措旺加一有时间，就翻阅英语书籍、收听英语广播、参加英语角，勇敢地和外教交流，提升口语表达水平。

每年的全国职业院校实用英语口语大赛，让许多外语专业的同学都望而却步，而刚步入大一的朋措旺加就在老师的鼓励下尝试着参赛。在备赛的过程中，他几乎天天泡在图书馆，反复查阅、练习，提高自己的英语应用水平和英语思维模式。只要一有机会，哪怕只有一点儿时间，他也紧跟在外教老师身边，时时刻刻提高自己的英文水平。清晨，大家还在睡梦中时，他已经开始在校园的角落里练习诵读；夜晚，大家已经休息了，他依然在教室里收听广播纠正发音。就这样，随着备战时间的不断推进，旺加的英语口语水平突飞猛进，有了很大程度的提高。最终，在学校老师、外教和同学的帮助与指导下，旺加首次参赛就夺得全国选拔赛四川省非英语专业组第一名，代表四川省高职学生出征全国大赛。2014 年 6 月，在全国职业院校技能大赛（高职组）"英语口语"赛项总决赛现场，这个坐着轮椅的藏族学生以稳定沉着的台风、流利标准的口语表达获得非英语专业组一等奖。现场所有的评委嘉宾都为这个"特殊"的参赛者起立鼓掌。

回首自己与众不同的人生历程，当过往的一幕幕浮现在朋措旺加眼前，这位坐在轮椅上的藏族小伙泪如雨下，"高职校园的三年，让我走出因车祸失去行走能力的阴霾，并走上全国大赛获奖舞台，是职业教育让我重获新生"。

5. 求知耳目聪 技高不轻狂

——2015 年国赛一等奖获得者 乌云塔娜

乌云塔娜，来自内蒙古，北京财贸职业学院酒店管理专业学生，2015 年大赛高职组"中餐主题宴会设计"赛项一等奖获得者。

乌云塔娜填报志愿时，本来可以有更好的专业选择，但她毅然放弃了那些热门专业，选择了酒店管理。家人、朋友对她的选择不认同、不理解。入学之初，本来信心满满的她，又遭受了一次严重的打击，由于自己家乡酒店行业不够发达，她对于现代酒店行业一窍不通。她有过迷茫、有过彷徨、更打过"退堂鼓"。但是，思前想后，性格倔强的她下定决心，一定要学好自己的专业知识，证明自己当初的选择没有错。

一个偶然的机会，乌云塔娜听到老师和学长在兴致高昂地谈论着这个全国职业院校中餐主题设计大赛。从那时候开始，她就憧憬着有一天可以参赛。于是，她开始关注这个赛项，努力收集有关大赛的各种信息。随着对大赛理解的逐渐深入，她深刻认识到中餐主题设计大赛考核的不仅仅是选手对于中餐的理解、主题的把握，还有选手的综合素质。参赛选手必须具备扎实的理论知识功底、良好的英语听说能力、熟练的专业技能以及优雅的服务礼仪。为此，她努力学习，课外还参加英语口语听说练习，选修礼仪课程，积极参加社会实践，为参赛并夺冠奠定了扎实的基础。

当得知自己获得了参加全国大赛的资格时，她激动不已。但是，冷静下来，她感受到了自己身上的压力和责任。为了在比赛中取得好成绩，她反复推敲，稳扎稳打，步步跟进，在专业技能上有了很大提升。同时，如何达到处事不惊的心境，是乌云塔娜在备赛训练中特别重要的一课。她说："掌握职业技能仅仅让我们有了一技之长，如何将自己的能力发挥得淋漓尽致，还需要极强的心理素质和情绪管理。赛前的大量练习和老师们孜孜不倦的辅导，让我在大赛中真实地发挥了自己的水平。"

2015 年的 6 月，乌云塔娜参加全国职业院校技能大赛"中餐主题宴会设计"赛项，勇夺大赛一等奖，为自己和学院赢得了荣誉，成绩来之不易。

乌云塔娜的得奖，给她的高职生涯画上了完美的句号。之后，她开始了本科阶段的学习。面对成绩，她感激三年间老师们孜孜不倦的教导，感激学校把她引领上一个全国性的竞赛舞台去展示最好的自己。她认为：选择了通往成功的路，就是选择了责任和艰苦，付出和收获总是成正比，汗水从来不会辜负任何人。

链接6-1：历届大赛同期思政德育主题活动

2009—2019年大赛同期国家级思政德育主题活动一览表

年份	活动名称
2009	全国中等职业学校德育工作会议
2010	全国中等职业学校德育工作表彰会暨经验交流会
	全国职业院校学生文艺作品调演晚会
	2010年全国中等职业学校学生技能作品展洽会
2011	"永远跟党走"职业学校育人事迹报告会
	"永远跟党走"民族地区职业院校学生才艺汇报演出
	2011年全国职业院校学生技能作品展洽会
	2011年民族地区职业院校学生才艺展示
2012	全国职业院校德育创新暨校园文化建设工作座谈会
	2012年民族地区职业院校教学成果展演
	全国职业院校学生技能作品展洽会
2013	"我的中国梦"主题演讲会
	全国职业院校学生技能作品展洽会
	2013年民族地区职业院校学生技艺比赛展演
2014	全国职教系统培育和践行社会主义核心价值观座谈会
	2014年中华优秀传统文化技艺表演赛
2015	贯彻落实《中等职业学校德育大纲（2014年修订）》座谈会
	全国职业院校技能大赛博物馆参观活动
	2015年中华优秀文化传统艺术表演赛
2016	2016年中华优秀文化传统艺术表演赛
	"同在一片蓝天、携手共创梦想"——民族地区学生职业技能展示
	"走进百年老号、感受精湛技艺"——中华老字号企业开放体验
	"大赛点亮人生、技能成就梦想"——全国职业院校技能大赛博物馆参观活动
	"传承鲁班精神、感受匠人匠心"——中华优秀传统文化百姓大讲堂

续表

年份	活动名称
2017	安教乐道·现代职业教育之品——暨天津职业院校推进"五风建设"交流会
	"我与大赛的故事"——全国职业院校技能大赛获奖师生优秀事迹分享会
	中华优秀文化传统艺术表演赛
	"精彩十年"——全国职业院校技能大赛成果参观活动
	"弘扬工匠精神、振兴民族品牌"——津门老字号企业走进大赛产品展示活动
2018	"安教乐道"职业院校师德师风建设研讨活动
	"传承班墨文化"青少年职业生涯开蒙仪式
	全国职业院校技能大赛博物馆展示交流活动
	中华优秀传统文化艺术表演赛
	京津冀职业院校思政课程教学成果交流展示
	全国职业院校信息化教学大赛获奖教师技艺技能展示
2019	国家现代职业教育改革创新示范区思想政治教育实践基地体验活动
	"安教乐道·铸魂育人"——牢记"六个要求"贯彻"八个相统一"推进思政课程建设研讨交流活动
	"传承班墨文化"——"学子归叙发展、亲子悟劳动美"普职融通教育活动
	全国职业院校技能大赛博物馆综合体验活动
	"弘扬工匠精神 助力创新发展"——第二届"匠心·创新"论坛

第七篇 ▼

国赛价值

引 语

随着大赛连续举办，全社会对职业教育观念正在悄然发生改变，"劳动光荣、技能宝贵、创造伟大"的时代风尚逐渐形成，重视职业教育、尊重技能人才已经蔚然成风。

十二届次的大赛，为职业院校学生提供了一个展现自我、实现人生价值和职业理想的舞台，一批批优秀的能工巧匠脱颖而出，人生成才之路从此起航。

十二届次的大赛，为职业院校与合作企业搭建了一座桥梁，不断拉近彼此之间的距离，赛项设置不断服务产业升级，先进技术工艺源源不断引入院校，实现了专业与产业、行业、企业、职业的对接。

十二届次的大赛，催生出一大批优秀资源成果转化并服务于日常教学，自 2008 年以来，共产生 24 项与大赛有直接关联的国家级教学成果。其中，由"开发技能赛项与教学资源 推进高职机电类专业综合实训教学的改革与实践"获第七届国家级教学成果"特等奖"，也是我国职业教育领域首个教学成果"特等奖"。

十二届次的大赛，一大批竞赛先进理念、教学标准、竞赛装备、教程教材落地专业建设，落地课堂教学，落地境外项目；一大批具有创新性的岗位技术标准、设备设施反哺企业；一大批技能精湛的获奖选手在职业岗位上创造出骄人业绩。

全国职业院校技能大赛具有展示、宣传、评价、激励、导向等多重功能，对学校、企业、社会影响广泛而深入、长久而有力。大赛是职业院校改革与发展的助推器，是提升职业院校教育教学质量的有力手段，是培养双师型教师队伍的重要途径，是培养选拔优秀技能人才的重大举措，是校企深度合作的重要平台。举办大赛对宣传人力资源开发与人才强国战略，宣传培养、使用及激励高端技能人才规划，宣传尊重劳动、尊重技能、重视职业教育的人才观和教育观具有重大而深远的意义。大赛号召全社会支持和参与职业教育，号召企业家关注新增技能人才的素质及其人力资本投入，号召各地把大赛作为展示技能、促进改革和提高人才培养质量的重要机遇。

一、适应需求 国赛赢得各界认同

大赛应时代需求而生，顺应时代需求而发展，大赛的出现绝不是偶然现象，进入 21 世纪后，产业升级换代速度加快，科技进步速度明显提升，一大批新技术新工艺的出现，加剧各国对于技术技能人才的需求，随着我国经济不断发展，对于职业教育的重视程度也提升到了新的高度，大赛正是在此背景下应运而生的，经过十余年的发展，大赛已经成为我国高素质技术技能人才培养选拔的重要平台，与此同时其社会和国际影响不断提升，整体发展成效赢得各方的普遍认可。

2012 年时任教育部副部长鲁昕提出，职业教育从办学方向到专业建设，要随着经济发展方式转变"动"，跟着产业调整升级"走"，围绕企业人才需要"转"，适应社会和市场需求"变"，部长的讲话充分体现了职业教育要适应发展需求，只有适应需求职业教育才有发展和上升的空间，大赛的发展充分说明了这个观点。

1. 承办院校评价大赛

天津轻工职业技术学院书记戴裕葳介绍，通过承办高职组"光伏发电系统安装与调试"赛项，学院引来世界最大硅太阳电池生产企业——英利集团的天津英利新能源有限公司。在建立校企长效合作机制的基础上，光伏发电技术及应用专业在人才培养模式改革、课程体系构建、教学团队建设、实训基地建设等方面都取得丰硕成果。英利集团成为学院校企合作董事会成员单位，校企共同构建了"订单培养、双证对接、赛训融通"人才培养模式；创建了企业冠名"英利班"，学生在取得毕业证的同时取得太阳能电池制造工程师证书；构建了"三主体联动，四层次递进"的课程体系；创建了"校企双带头人、校企双骨干教师、校企双向互聘"的师资队伍建设新模式；校企合作开发建设 20 KW 分布式光伏发电站，作为学生光伏应用技术课程的校内实训基地，同时，也是英利集团光伏发电技术研发与培训中心。

天津职业大学刘斌校长介绍，天津职业大学先后承办了 2012 年、2013 年、2015 年、2016 年四次工业产品造型设计与快速成型赛项。学校通过多次承办该赛项，引领学校新增"增材制造技术（3D 打印）"专业。经过大赛，学校意识到机械制造正在迈向依靠科技进步、高技术与制造业的融合、资源消耗少环境污染小及产品附加值高的高端制造形态发展，而"增材制造技术（即 3D 打印技术）"区别于传统制造技术通过切削加工（减材制造）或模具制造产品，是快速成型加工技术，体现了信息网络技术与先进材料技术、数字制造技术的密切结合，是先进制造业的重要组成部分。我国起初并没有专门培养从事"增材制造技术"行业人员的教育机构。为满足全国制造业对该专业人才的需求，高等职业教育急需开设相关专业，为全国制造业培养大量"增材制造技术"人才。因此，学校根据天津市发展规划和区域内产业转型升级需要，依托新兴科技产业，加强"增材制造技术"亟须人才培养研究，在原有机械制造与自动化专业群的基础上，依托"全国职业院校增材制造技术应用中心"，于 2016 年新设立了"增材制造技术"专业。

天津市机电工业学校宋春林校长介绍，学校数控技术（数控车、数控铣及数控综合加工技术）专业是与大赛共同成长的。2008 年，数控专业在我国职业院校还不够普及，随着大赛的深入及引领，有力地促进了其蓬勃发展，目前已经发展成为装备制造业的主流技术。在该校，数控技术系是第一大专业，在校生达 2000 多人，学校的实训基地设备设施更新换代，无论是先进性还是规模在天津市都是首屈一指的，专业设置紧贴需求，教学改革逐步深入，人才培养硕果累累。

2. 合作企业评价大赛

2012 年大赛闭幕式上亚龙智能装备集团股份有限公司董事长陈继权作为大赛合作企业代表发言时提到，技能大赛作为我国职业教育制度的重大设计和创新，在探索高技能型人才培养、提高职业教育水平、推动职业教育发展等方面起到了积极的作用，广大职业院校学生直接从大赛受益。他们亲眼所见，四川都江堰的孩子经历了汶川地震后来到了上海大众工业学校学习，2011 年他参加了比赛获得了一等奖，之后被德资企业才丽芙（音）聘为研发中心技术员。专家给出的评价是：这名学生的技术水平比德国学校学生的水平更高！以及，原浙江省装备制造学校一名 2008 年参加国际机电一体化比赛获得一等奖的学生，毕业后受聘于三菱公司，很快成为技术员，被送到日本三菱总部去深造，成为其核心骨干。

作为大赛合作企业，亚龙也受益匪浅。通过大赛，更清晰地看到职业教育的发展方向，找到了更好的教育装备的研发思路。在大赛的过程中，亚龙的设备得到了专家们的高度关注并提出宝贵的意见。在设备改进、提升的过程当中，专家们倾囊相授、悉心指导，使亚龙的设备更加贴近职业岗位，贴近技能型人才的培养需求。大赛还为亚龙提供了一个招聘人才的机会。在与大赛合作的几年时间里，亚龙从全国各地招聘了大量的职业院校毕业生。现在，职业院校毕业生已经占到公司员工总数的 70%，且其中 10% 都参加过国家级、省市级技能比赛。在公司内部的员工技能大赛中，他们也是佼佼者。其中的不少人还迅速脱颖而出，成为管理人员，成为工程技术服务的主力。

联想集团副总裁李祥林讲述，联想依托大赛，助力职业教育改革，促进人才培养，深化校企合作。联想秉承以赛促专业建设与专业发展的理念，通过大赛平台积极开展赛项成果的教学转化工作，与全国50多所高职院校建立了移动互联网技术人才培养相关合作；校企联合开发完成了专业核心课程和岗位项目实训课程6门；通过师资国培和省培等形式培训移动互联网软件开发专业教师80多人，向产业输送移动开发高技术技能型人才500多人。联想集团依托大赛平台，建立了技术技能人才与企业的顶岗实习及就业的对接桥梁。积极引进参赛优胜选手进入联想集团及联想产业链的相关企业进行顶岗实践和就业。2014年，第七届全国职业院校技能大赛高职组"移动互联网应用软件开发"赛项优胜选手步连伟同学，大赛后加入联想实习工作，通过自身的努力，快速成了团队的骨干和中坚力量。通过大赛平台，联想与国内120多所职业院校建立了"产—学—研—用"一体化的战略合作伙伴关系，积极探索校企人才培养模式的创新，依托企业的优势环节，重点在企业文化、职业素养与职业精神的培育、岗位最后一公里的专业技能和岗位技能的训练、学生创新与创业能力孵化等方面开展深度校企合作，初步形成了学校、企业、学生三方共赢的价值链。

3. 中外专家点评大赛

大赛举办期间，有很多来自中外的专家、学者、专业人员，对技能大赛的意义、影响和在职业教育中的作用，进行了精辟的点评。

北京交通大学教授、联合国教科文组织产学合作教席主持人查建中，曾任苏州、宁波职业技术学院董事，在智能工程及其应用和智能交通系统等领域建树颇多。他对大赛有着深入的研究，著有多篇论文，认为大赛是面向职场教育的非常重要的教学活动形式。它通过以学生为中心的大赛全过程，使学生体验职场全面的人才需求和文化特征，学会学习、学会做事、学会合作、学会做人，发展创新创业的能力，成长为合格的"职业人"。

中国职业技术教育学会副会长、上海市职业教育协会会长、上海高职教育发展研究中心主任马树超，历任多届大赛仲裁委员会主任。他认为，职业院校技能大赛对职业教育工学结合人才培养模式改革和现代教学理念的传递具有重要意义。大赛具有较高的社会开放度和企业参与度，突破了传统学科竞赛的封闭模式，扩大了职业教育对社会的影响。通过举办大赛，能够把职业教育教学改革的理念逐步渗入全国各地的职业院校当中，形成了一种推动改革、鼓励创新的氛围。

世界技能大赛组织主席杰克·杜赛多普来自澳大利亚，曾两次参加大赛。在"2008年中国职业教育改革与发展高峰论坛"上，杜赛多普做了主题为"世界技能大赛对职业教育的促进"的演讲。他认为，大赛完善的制度体系，使优秀选手具备了参加世界技能大赛的条件和实力，使中国技能型人才拥有了强大的、世界水准的竞争力。他说，职业技能竞赛非常有意义，它为青年创造了未来。技能大赛产生的鼓舞人心的效应无处不在，技能大赛令大多数人确信，技能培训可以为他们的子女提供一个通往美好可靠前程的途径。同时，技能大赛为年轻的参赛选手和他们的国家教育培训体系提供技能等级标准。

4. 招聘企业盛赞大赛

大赛拉近了企业与潜在员工的距离，学生们忙竞赛，企业就忙"抢人"。在大赛期间，"企业家观摩团"深入比赛现场，实时"物色"，广发"邀请函"。大赛打通了横亘在学校、学生、企业间的障碍，为人才培养开辟渠道、铺平道路。大赛期间，中兴、思科、中交一航局、中建六局等诸多知名企业，提供多个高职、中职就业职位。

从2009年第二届大赛开始，主赛区同期组织技能大赛选手招聘会，在主赛区参加比赛获奖的选手都有资格参加招聘，也有其他赛区慕名而来的获奖选手。据不完全统计，2009 年至 2019 年大赛获奖选手招聘会邀请招聘企业累计 570 家次，提供岗位超过 6000 余个，现场签约率达到 85% 以上，专业对口率达到 95%。据 2017 年大赛招聘会招聘企业反映，他们对战略性新兴产业的高级技术型人才需求很大，这些选手不仅理论知识过硬，动手实践能力也很强，短期实训后就能上岗，企业愿意给以高薪、加以重用。同时很多企业负责人表示，这些选手学习能力强、对自己定位准确而且踏实肯干，这正是企业中意大赛选手的原因。

每年的招聘会，国有大型企业主动参与，中交第一航务工程局有限公司多次参加招聘会，其人力资源部门负责人表示："我们招的几名技能状元，不仅动手能力强，还精通设计和维护，上手快、后劲足。"他认为，大赛是高技能人才汇聚的平台，给企业带来新生的力量；大赛是强劲新人力资本的平台，给企业输送激情澎湃的"新能源"；大赛是校企命运共同体的平台，给学校和企业带来深度认同式合作的机遇。

在 2013 年招聘会上，来自四川的中国工程物理研究院派出了强大的招聘阵容，同时也是全场招聘人数最多、薪资水平最高的单位。"我们就是来'抢人'的，把收入定得高些才能留住人才，尤其是像我们这样的中西部单位。"该院人力资源部门负责人说。作为科研单位，该院对于学生的专业基础要求比较高，通过技能大赛招聘来的学生都会配备导师，针对岗位制定为期一年的培养计划，其中包括专业基础知识和设备制作技能等。"全国职业院校技能大赛的选手操作能力强、领悟力强，而且经过大赛的磨炼，也具备较强的抗压能力，能够发挥骨干作用。"孟庆津是他们在 2008 年数控大赛上挖掘到的选手；2010 年，小孟参加工作刚刚一年多，便在该院第 20 届职工职业技能比赛中获得二等奖，并取得技师资格，实现了普通技术工人至少需要 15 年才能完成的"三级跳"；2012 年，小孟又不负众望，在第五届全国数控技能大赛中取得数控车职工组第一名的优异成绩。这样的人才，企业求贤若渴。随后大赛招聘会，中国工程物理研究院多次参加，入职起步薪酬创下更高，超过 10,000 元 / 每月。

5. 媒体竞相报道大赛

大赛自举办以来，广受媒体关注，据统计十二届大赛仅天津主赛区一地，累计 600 余家媒体，3000 余名记者到津报道大赛盛况。大赛期间，新华社、中央电视台、《人民日报》《光明日报》《中国青年报》《中国教育报》、各地方电视台、各地报刊聚焦大赛热点，连篇累牍，妙笔生花；《中国职业技术教育》《教育与职业》《天津职业院校联合学报》等期刊刊发大量文章，深度剖析，精准解读；新华网、人民网、凤凰网、北方网、全国职业院校技能大赛官网等知名网站对大赛进行了全方位、多角度宣传报道，在全社会营造了关心和支持职业教育的良好舆论氛围。其中，《中国职业技术教育》每年开出专刊报道大赛盛况，《中国教育报》《天津日报》等报刊开辟专栏对大赛进行持续详尽报道，新华网也建立专题版块跟进报道精彩赛事活动。

二、服务发展 国赛激发五业联动

大赛在开办最初几年，赛项数量设置不多，尚属于探索阶段；到 2012 年，赛项数量激增到 96 项，其中，第一、第二、第三产业涉及的赛项比例达到了 10∶46∶44，与当年我国国民经济产业结构中三大产业的比例大致相当。从 2013 年起，赛项不断优化，开始布局新兴产业，第三产业赛项数量亦不断增加，契合了我国国民经济产业结构不断转型调整、优化升级的趋势；到 2018 年，赛项设置紧密对接新产业、新技术、新业态发展。其中涉及智能制造、高端装备、信息技术、新能源等新产业、新业态近 30 项，占全部赛项近 40%，包括工业机器人技术应用、制造单元智能化改造与集成技术、数控机床装调与技术改造、云计算技术与应用、互联网＋国际贸易综合技能、新能源汽车技术与服务等。涉及健康生活、绿色环保的赛项近 10 项，包括了农产品质量安全监测、大气环境监测与治理技术、风光互补发电系统安装与调试等。

十二届次的大赛，赛项设置每年都有变化和调整，这些变化和调整，有的应对了产业急需、有的体现了与时俱进、有的解决了社会热点问题、有的呼应了技术升级、有的服务了国家重大战略、有的引领了生活时尚、还有的带动了经营模式变革……应该说，大赛日益成为激发产业、行业、企业、职业、专业"五业联动"的重要引擎。

1. 赛项设置对应产业发展

①2008 年"动画片制作"赛项

2006 年，国务院颁发了《国家"十一五"时期文化发展规划纲要》，明确提出要把文化产业体系建设作为"十一五"期间重点扶持和建设的产业，并确立了动漫在文化创意产业中的地位。国务院办公厅也向相关部门转发了《关于推动我国动漫产业发展的若干意见》。在政府一系列政策的指导和推动下，社会各界高度关注动漫产业，动漫产业步入井喷式发展阶段，优秀动漫人才的需求激增。另外，2008 年前后，正是智能手机快速发展的时期，为更好地支持多媒体、照相、绘图、GPS 等功能，提高手机的可视化效果，对动漫制作技术也提出了更高的要求。首届大赛积极响应国家号召和社会需求，开发了"动画片制作"赛项。

②2009 年"3G 基站建设维护及数据网组建"赛项

2009 年是中国的 3G 元年，三大移动通信运营商的 3G 网络正式投入商用，全国 284 个城市开通 3G 业务并全部开始正式商用，全国所有县、镇均建基站。为助推通信技术发展和产品升级，2009 年大赛首次设立"3G 基站建设维护及数据网组建"赛项。

③2010 年物流类赛项

2010 年，中国电子商务行业呈现出量变到质变的飞跃，被业界称为电子商务发展元年。然而，线下物流体系的不完善，成为阻碍电子商务迅猛发展的一大瓶颈。一方面，线上成交额日创新高；另一方面，线下快递服务严重滞后，"爆仓"事件频发，导致广大网民怨声载道。如何培养更多专业知识扎实和技能过硬的物流人才，成为职教界关注的热点。2010 年大赛增设"进出库作业"（中职组）和"储配方案的设计与执行"（高职组）等物流类赛项，便是对这一热点问题的积极回应。

④2011 年"新城疫抗体测定"赛项

2011 年，大赛加设"新城疫抗体测定"赛项，主要是因为国内多地出现禽流感和鸡新城疫疫情病例（2010 年全国共报告鸡新城疫疫情 560 起），对当地农业生产、人民身体健康和生命财产安全造成重大威胁。李克强总理从食品安全的高度做出重要批示，要求各界积极参与，营造全社会共同关注、支持、维护食品安全的良好氛围，形成重典治乱、依法深入开展专项整治的强大合力，努力提高食品安全水平，保障人民群众身体健康和生命安全，促进经济社会协调发展。新城疫抗体测试是我国动物疫病免疫抗体水平监测和鸡场进行新城疫疫苗免疫监测、调整免疫程序的重要项目，需要大量有社会责任感且技术娴熟的操作人员，以便能彻底战胜该疫情。因此，开设该赛项，可以激励职业院校培养更多相关专业的优秀人才。

⑤2012 年"电梯维修保养"和"智能电梯装调与维护"赛项

2012 年，大赛设置"电梯维修保养"（中职组）和"智能电梯装调与维护"（高职组）赛项，与前两年频发的"电梯惊魂"事件有直接关系。"电梯惊魂"事件暴露出电梯制造行业的诸多技术和管理缺陷，引发广大群众对电梯安全的担忧。在"2012 年电梯安全国际研讨会"上，国家质检总局特种设备局局长宋继红作了题为《创新发展真抓实干 全力促进公众安全乘用电梯》的报告，并通报了中国电梯发展与安全状况。研发和生产更精准、更安全、更舒适的"智能电梯"

是人心所向，培养更多电梯专业人才的需求日益迫切。大赛设置电梯装调与维护类赛项，可谓是应需而生。

⑥2013 年"文秘速录专业技能"赛项

在经济高速发展的今天，社会节奏越来越快，文秘的工作效率更是一个企业高效率工作的核心。从 2008 年开始在全国逐渐兴起了一种与国际接轨的管理模式——设置速录文秘岗位。随着就业准入制度标准化、技能专门化、考评制度化，正在推动中国广大速录文秘的素质提高，也成就一大批在办公领域实现高效办公、自动化办公、无纸办公的管理者的梦想。未来在文秘的工作中，速录的重要作用毋庸置疑，对这类技能人才的需求也急剧增加。2013 年，大赛增设"文秘速录专业技能"赛项，正是对这一社会需求的积极响应。通过竞赛，引领高职文秘、文秘速录等专业建设和教学改革，提升文秘、文秘速录等专业高等职业教育人才培养质量和社会认可度与影响力。

⑦2014 年"煤矿瓦斯检查（煤矿安全）"赛项

煤炭是我国的主要能源，煤炭行业是高危行业，煤矿安全生产始终是安全生产的重中之重。2013 年 1 月 24 日，国家安全监管总局签署了第 58 号令，颁布实施《煤矿矿长保护矿工生命安全七条规定》，主要内容就是"七个必须、七个严禁"，抓住了煤矿安全生产的主要矛盾和关键环节。煤矿瓦斯检查对煤矿安全生产非常重要，而该项操作具有极强的技术性和专业性，为了促进与之相关的专项技能人才培养，2014年，大赛中＼高职组同时设置了"煤矿瓦斯检查（煤矿安全）"赛项。

⑧2015 年"船舶主机和轴系安装"赛项

2015 年，在我国提出"一带一路"倡议一年多之后，各界翘首企盼的"一带一路"路线图正式公布。"一带一路"是世界上最长的经济走廊，也是最具经济发展潜力的经济带。同年，国家发改委等部门联合发布了《推动共建丝绸之路经济带和 21 世纪海上丝绸之路的愿景与行动》，文中指出："基础设施互联互通是'一带一路'建设的优先领域"，要求"抓住交通基础设施的关键通道、关键节点和重点工程"。因而，作为陆海交通重要设施，以高铁和船舶为代表的交通基础设施项目大幅增加，对轨道交通和船舶专业人才的数量和质量提出了更高要求。为此，2015 年大赛增设"船舶主机和轴系安装"赛项。

⑨2016 年"大气环境监测与治理技术"赛项

2015 年，"雾霾"肆虐引发国家对大气治理的高度关注，大气环境检测与污染防治成为百姓的热议话题。为加强相关专业人才培养力度、促进相关产业技术设备的研发与生产，2015 年，大赛开始设置"大气环境监测与治理技术"赛项，

2016 年，赛项连续举办，并得到升级完善。

⑩2017 年"虚拟现实 VR 设计与制作"赛项

从 2016 年下半年开始，一款"捉精灵"手机游戏在世界各国迅速蔓延，连政府首脑也不能免俗。它的爆红提示着虚拟现实技术即 VR 时代的到来。虚拟现实技术迅速从最初单纯的游戏向生活、工作各个方面扩展：虚拟会议、虚拟赛场、虚拟医疗服务等不断涌现。这些在为我们生活提供越来越多便利的同时，也对设计、研发和应用技术提出了越来越高的要求。2017 年虚拟现实技术创新与应用论坛、虚拟现实应用创新大会、虚拟现实技术应用研讨会等先后在沈阳、杭州、北京等中心城市举行。为顺应并促进该产业技术升级，2017 年，大赛设置了"虚拟现实 VR 设计与制作"赛项。

⑪2018 年"新能源汽车技术与服务"赛项

赛项紧跟国家新能源汽车发展趋势，服务新能源汽车产业领域人才培养的需求，引领职业院校相关专业和课程建设。赛项对接纯电动汽车企业先进技术和行业标准，把真实工作过程、任务和要求融入比赛环节，注重团队合作，注重德技双修，能全面展示学生新能源汽车技术与服务的综合职业能力。为此，大赛设置了"新能源汽车技术与服务"赛项。

⑫2019 年"艺术插花"赛项

2019 年是深入贯彻落实全国教育大会精神和《国家职业教育改革实施方案》的开局之年，一系列职业教育改革的具体举措相继出台，改革力度前所未有。"艺术插花"赛项瞄准行业发展需要和市场需求，推动产教融合，加快培养园林事业发展急需的技术技能人才。将我国传统插花与现代花艺并行，旨在传承与弘扬我国优秀传统文化，增强文化自信，引导我国插花产业健康发展，使之符合我国现代服务业发展需要。为此大赛设置了"艺术插花"赛项。

2. 赛项设置呼应技术升级

信息技术飞速发展，我国信息产业技术升级换代步伐不断加快，社会对信息和通信类专业技术技能人才综合职业能力不断提出新的要求。在大赛的赛项设置中，信息和通信类赛项始终保持突出地位，呼应技术不断升级。

①2008 年"企业网络搭建及应用"赛项

随着互联网技术在商业领域的普及，我国广大企业都进入了互联网时代，企业对网站建设的需求激增，出现了巨大的市场缺口。

②2009 年"3G 基站建设维护及数据网组建"赛项

信息技术发展迅猛，3G 技术已在我国正式投入商业运营，大量的 3G 基站建设人才成为急需。

③2010 年"计算机网络组建与安全维护"赛项

Conficker 蠕虫、6 省断网事件、网络战争、社交网络威胁等相继出现，表明大量的新型技术正在被网络攻击者使用，信息安全形势变得更加严峻。

④2011 年"三网融合与网络优化"赛项

2011 年，是我国三网融合的关键之年，工信部和广电总局推出了三网融合的具体规划，三网融合已经上升到国家战略的高度。三网融合的大时代下，广电行业想要做更多的增值业务，就必须进行双向网络改造，当年，我国双向网络覆盖的用户已经超过 6000 万户。

⑤2012 年"物联网技术应用"赛项

中国物联网开始从书本概念走进实际生活，在智能家居、智能交通、智能城市、精准农业解决方案等方面有了越来越广泛的应用。为满足物联网技术应用领域快速增长的人才需求，引导高职院校及社会各界关注物联网产业，促进物联网技术（包括自动识别、网络传输、应用开发等）的普及，引领相关专业的教育教学改革与专业建设，大赛设置"物联网技术应用"赛项。

⑥2013 年"移动互联网应用软件开发"赛项

以手机网游为代表的各类应用市场迅速增长，腾讯、

360、盛大等传统互联网巨头进军移动互联网，智能手机大量普及更是触发了移动互联网爆发，各种各样的 App 开始渗透到我们生活的方方面面。

⑦2014 年"云安全技术应用"赛项

随着公众对云安全关注度的日益提高，能否为用户提供有效的云安全保障已经成为电子商务和云计算服务商的核心竞争力，云安全创业成为风险投资的新热点。为了更好地普及云安全技术应用，培养更多的云安全技术人才，大赛设置了"云安全技术应用"赛项。

⑧2015 年"4G 全网建设技术"赛项

4G 网络已经成为移动通信运营商争夺市场的关键，当年我国的 4G 用户人数已经达到 3.56 亿，仅 2015 年新增的 4G 用户数就接近美国的总人口数，大赛新增了"4G 全网建设技术"赛项。

⑨2016 年"嵌入式产品装配调试"赛项

嵌入式技术飞速发展，涉及的领域越来越广泛，如手机、PDA、车载导航、工控、军工、多媒体终端、网关、数字电视等。当今社会关注的热点也体现在这些领域，如资源循环利用、智慧交通管理、无人驾驶技术、机器人技术等。为了迎合这一社会需求和发展契机，服务中国制造、移动互联网＋、物联网、机器人等现代新兴产业，大赛在前两年成功开设"嵌入式产品开发"和"嵌入式应用开发"赛项的基础上，于2016年新增"嵌入式产品装配调试"赛项。

⑩2017年"大数据技术与应用"赛项

中国的网民数量跃居世界第一位，网络正全面改变和深刻影响着人们的生产生活方式，成为人们获取信息、学习交流、休闲娱乐、创业致富、实现梦想的新空间。移动互联网、电子商务、物联网以及社交媒体的快速发展更促使我们快速进入了大数据时代，人们日常生活中的数据量已经由TB（1024GB=1TB）级别跃升到PB（1024TB=1PB）、EB（1024PB=1EB）乃至ZB（1024EB=1ZB）级别，数据将逐渐成为重要的生产要素。为此，大赛设置了"大数据技术与应用"赛项。

3. 赛项设置顺应"两山"理论

绿水青山，就是金山银山。2005年8月15日，时任浙江省委书记的习近平在浙江湖州考察时，首次提出了"绿水青山就是金山银山"的科学论断。大赛关注三农，关注环保，自2010年第三届大赛起陆续设置了农业技能和节能环保类赛项。

①2010年"动物外科手术"赛项

赛项内核是在规定时间内按动物外科手术要求，完成动物某个器官切开缝合手术，包括打结、缝合、采血等具体技术。动物外科手术水平的高低，是临床兽医职业能力的重要体现，是其医疗技术的重要组成部分。这项技能具有很强的操作性和实践性，对培养学生的临床操作技能和动手能力发挥着重要作用。

②2011 年"农机具维修"赛项

大赛分别于 2010 年、2011 年、2012 年、2014 年、2017 年在中职组设置该赛项，并于 2011 年开始在高职组开设"农机具维修"赛项，自此大赛两个组别都设置了"农机具维修"赛项，引领农机类专业技术技能人才的衔接培养。

③2012 年"光伏发电设备安装与调试"赛项

在高职组首次设置"光伏发电设备安装与调试"赛项之后，2012 年大赛中职组也设置了该赛项。赛项的设置，体现了节能环保的理念，具有很强的应用价值。同期，"风光互补发电系统安装与调试"赛项也相继设置。赛项面向高职院校新能源技术应用专业、自动化专业、电力电子专业、机电一体化专业学生，旨在促进职业院校紧贴新能源产业发展与需求，培养新能源产业发展急需的技术技能人才。

④2012 年"水环境监测与治理技术"赛项

赛项内容包括：水样采集，水样氨氮测定，典型污水处理工艺的系统设计，污水处理设施安装与调试。该赛项运用水环境监测与治理技术综合实训平台，考核学生的水质检测与分析、污水处理工艺的设计、管道安装、设备装调、水处理设备的运行与维护等综合知识与技能。

⑤2015年"大气环境监测与治理技术"赛项

近年来，以迅猛态势席卷全国的雾霾让广大民众"谈霾色变"。大气环境检测与污染防治成为各地区环保工作的重中之重。该赛项内容包括了烟气处理工艺设计、自动控制烟气装置程序设计等环节，考核学生大气环境监测、烟气检测与分析、烟气处理工艺的设计、烟气处理设备装调能力、烟气处理设备的运行与维护综合实践能力和创新能力。

"种子质量检测""植物组织培养""蔬菜嫁接"等大赛赛项设置成为了引发社会关注，体现农业新知识、新技术、新技能重要看点。

4. 探索五业联动 创新办学模式

2005年，天津市与教育部共建首个"国家职业教育改革试验区"；2010年，与教育部共建，升级为唯一"国家职业教育改革创新示范区"；2015年，再度升级为"国家现代职业教育改革创新示范区"，一个具有天津特色、时代特征、世界水平的职业教育体系在天津初步形成。基于独特职业教育发展历史和国家试验区（示范区）建设实践，天津在产教融合办学机制方面率先提出了"五业联动"发展思路，举起了职业教育办学模式结构性改革的大旗。2020 年 1 月，在国务院办公厅印发的《国务院办公厅关于推广第三批支持创新相关改革举措的通知》（国办发〔2020〕3 号）中，在第一大项"推广改革举措"中，明确提出"五业联动"的职业教育发展新机制。

"五业联动"办学模式的提出，进一步推动了职业教育教学改革与产业发展同步，进一步推进了行业企业紧密参与人才培养全过程，也进一步提升了职业教育服务经济社会发展的核心竞争力。

自 2014 年起，由天津市教育委员会设计主导，连续举办"五业联动—深度对接"高端讲堂 30 余期，邀请国内外行业企业专家围绕职教优势专业群对接优势产业群等问题，具体介绍产业、行业、企业、职业、专业"五业联动"的探索过程、理论内涵和运作模式，分析经济发展趋势，剖析产业对技术技能人才需求。这些活动，有力促进了五业内部人力资源建设机制、产教融合互动双赢机制、资金和资源的多元投入和调整机制、信息和资源的有效沟通与共享机制建设，为国家现代职业教育示范区建设和职业教育的高标准领先发展增添了活力。

2019 年第十二届大赛期间，"人工智能背景下展望职业教育未来"五业联动高端讲堂在天津电子信息职业技术学院举行。论坛邀请到了中国新一代人工智能发展战略研究院执行院长、世界工程组织联合会（WFEO）当选主席、俄罗斯宇航科学院外籍院士龚克教授，东南大学博士生导师、江苏省仪器仪表学会秘书长陈熙源教授，华为人工智能认证和专业建设首席架构师张志峰做主题报告。

龚克教授以"人工智能中国战略和青年责任"为题，详细讲解了人工智能的内涵、人工智能发展到新阶段发挥的作用及遇到的瓶颈、人工智能应用发展趋势、中国发展新一代人工智能的定位和部署，同时提出要加强人工智能治理，确保人工智能健康发展造福人类。陈熙源教授围绕"卫星导航系统及定位技术"等方面介绍我国北斗卫星导航的发展历史、未来趋势及目前应用情况。张志峰在报告中指出，华为一直以来走在人工智能领域的前列，并提出人才是关键，人工智能时代需要数据科学家、领域专家、数据科学工程师相互协作，才能推动人工智能全面发展。

同期，首届全国 1+X 证书制度高峰论坛——"产业、行业、企业、职业、专业"五业联动高端讲堂在天津机电职业技术学院举行。立足《国家职业教育改革实施方案》总体要求，瞄准"建设制造强国"目标，以先进装备制造业为抓手共话落实五业联动推进国家资历框架体系和 1+X 证书制度实施的机制。本次活动由天津市教育委员会主办，邀请了 5 位全国知名职业教育专家学者，以及京津冀现代制造业职教集团理事单位及我市多家职业院校和企业代表参加，共同研讨"五业联动"发展模式下如何做实 1+X 证书制度和国家资历框架体系的新思路和新途径。

5. 实施五方携手　构筑发展平台

京津冀协同发展是重大国家战略。天津率先谋划职教协同发展，构建三地行政部门协作机制，搭建三地教科研协同发展平台，首倡"五业联动""五方携手"大思路，建立三地院校共研共建共享共用共赢"五共"机制。在共识的基础上，抓住协同要义，突破协同瓶颈，创新协同路径，着力构建京津冀职教协同发展的有效模式。京津冀根据天津确立的产业、行业、企业、职业、专业"五业联动"的大思路，通过政、行、企、校、研"五方携手"合力机制，围绕三地产业布局，构建京津冀职教集团、职业教育联盟，搭建协同发展平台。借助大赛多个创新发展平台，为三地交流办学经验、探索工作模式、构建体制机制、整合教学资源、成果分享互鉴等提供了良好沟通合作渠道。

2015 年 5 月，京津冀协同发展现代职业教育·健康服务业人才培养产教对接论坛在天津医学高等专科学校举行，京津冀教育主管部门、北京市和河北省相关院校出席论坛。会议以"汇聚政、行、企、校、研多方力量，服务京津冀健康服务业人才培养"为主题，正式成立京津冀卫生职业教育协同发展联盟。同年 6 月，现代职业教育·石油化工行业京津冀产教对接会在天津召开，正式成立石油和化工行业职业教育京津冀合作联盟，该联盟汇集了政府部门（政）、行业协会（行）、领军企业（企）、职业院校（校）、科研院所（研）等多方力量，将促进京津冀区域建立适应现代石化产业发展人才培养作为首要协同工作的切入点。

2016 年大赛期间，京津冀协同发展现代职业教育·养老服务产教对接会在天津城市职业学院举行，会议期间成立了中国养老产教联盟（中国养老职教集团），联盟单位达 340 家。相关行业产业部门、职业院校正式组建"全国民政行指委京津冀养老专业人才培养产教协作会"，搭建京津冀不同院校相同专业群对接多企业、多岗位的产教融合、校企合作模式。同期，京津冀鲁汽车职业教育联盟成立大会在山东省德州市举行，这是全国首家由汽车行业、汽车企业、职业院校、行业协会组织组成的职教联盟。该职教联盟以汽车专业为纽带，联合全国名优企业和京津冀鲁区域相关院校成立，主要涵盖汽车制造、汽车维修、装具、钣金喷漆、汽车销售、新能源汽车等相关专业，旨在促进京津冀鲁四地汽车职教名校、汽车行业、知名企业强强联合，服务京津冀协同发展。

2016 年，京津冀协同发展产教对接会成果丰富，5 个京津冀协同发展现代职业教育产教对接会在津召开，分别涉及食品安全、智能制造、养老服务和现代服务等方面。在原有 8 个三地产教对接平台成功构建的基础上，继续丰富对接内涵，邀请三地行政部门、行业、企业、职业院校和科研机构等人员出席，签订三地职业教育产教合作协议，开通产教信息发布网站，全面构建起"政、行、企、校、研"多方沟通、服务、管理、应用、信息合作平台，为进一步推动京津冀三地职业教育发展起到了促进作用。

2017 年大赛期间，"中国制造"现代职业教育·装备制造业产教对接会暨京津冀现代制造业职教集团成立大会在天津机电职业技术学院举行。京津冀三地相关职业院校、行政部门、行业企业、科研机构、知名高校等 60 余家单位以服务中国制造、京津冀协同发展为宗旨组建了京津冀现代制造业职教集团。京津冀现代制造业职教集团以深化产教融合、校企合作，创新制造业技术技能人才系统培养机制为工作重点，充分发挥政府推动和市场引导作用，形成多层次、立体化办学体系，通过创新京津冀区域内部合作机制，全面增强京津冀现代制造业职教集团服务功能和水平。

2018 年大赛期间，"中国制造"先进装备制造业产教对接高峰论坛在天津召开。来自京津冀现代制造业职教集团的 28 家理事单位以及天津市的 24 家高职院校、24 家中职院校、

18 家企业的代表出席了本次大会。会议以产教对接高峰论坛作为契机，充分发挥企业在实施职业教育中的重要办学主体作用，成立一年来，职业集团加大工作力度，促进政、行、企、校、研进行全方位的交流与合作，推动形成产教融合、校企合作、工学结合、知行合一的共同育人新机制。

2019 年大赛期间，京津冀协同发展"现代服务业"产教对接会暨"人工智能 + 现代物流"技术产品展示活动在天津交通职业学院举行。本次会议暨活动由天津市交通行业职业教育教学指导委员会、京津冀沪宁晋川交通职业教育集团联盟主办。以"融合、创新、发展、共享智慧物流新时代"为主题，邀请青年学者围绕"智慧物流"建设下的国内外物流发展黑科技、智慧物流人才培养和物流教育交流合作等方面进行广泛交流和深入探讨。为物流行业的发展搭建了互通、创新的交流平台。

三、引领改革 国赛服务日常教学

为加强技能大赛对职业教育教学改革与专业发展的引领服务作用，进一步拓展大赛成果在教学过程中的推广和应用，根据《全国职业院校技能大赛三年规划（2013—2015 年)》，大赛专门针对赛项资源转化工作制定了相关的管理办法，要求将竞赛全过程的各类资源进行充分的资源转化，这些资源包括基本资源和拓展资源。基本资源是技能介绍、训练大纲、技能要点、评价指标等技能概要内容以及训练单元的操作流程、教学方案、训练指导、作业／任务、实验／实训／实习资源等。拓展资源多为较成熟的多样性辅助资源，例如：点评视频、访谈视频、试题库、案例库、素材资源库等。这些赛项资源转化为符合行业标准、契合课程标准、突出技能特色、展现竞赛优势的教学成果后，形成满足职业教育教学需求、体现先进教学模式、反映职业教育先进水平的共享性职业教育教学资源。

1. 大赛成果转化扩充教学资源

在赛项资源建设过程中，如何将竞赛理念、内容及考核方式融入日常综合实训教学，将现代生产工艺流程、技术标准、服务规范引入教学内容，将学校教学过程和企业生产过程结合是职业教育工作者不懈努力的目标。很多职业院校在总结多年备赛和参赛经验后，开发建设了指向技能赛项对应装置的通用性设备学习资源、基于技能赛项对应专业的综合性实践教学资源、衔接国际技能赛项和教师学生开展赛项活动的服务资源。

大赛资源转化成果促进了专业建设，扩充了教学资源。

大赛各赛项赛后均要求制作时长 15 分钟的赛项宣传片、时长 10 分钟左右的获奖代表队（选手）的风采展示片和竞赛过程视频资料等。这些都是难得的资源转化的基础材料。例如：2013 年—2017 年五届大赛中，"物联网技术应用"赛项制作风采展示视频 83 部，竞赛方案和竞赛资料已转化为教学标准、考核标准和实训指导书等，并成为专业教学的宝贵资料；"三维建模数字化设计与制造"赛项开发了 6 套技能介绍、6 套训练大纲、32 个技能要点和 96 项评价指标；"云计算技术与应用"赛项开发了 29 个实操录屏（共 1.6G 容量）的技能介绍、11 个技术操作手册、50 个技能要点和 47 个评分标准；"计算机网络应用"赛项开发了 33 部评点视频、2 部访谈视频、114 套试题、316 项案例和 8.6G 的素材资源库。

此外，包括《电气安装与维修项目实训》《电工技术基础与技能》《机电一体化设备组装与调试》《机电一体化设备维护与管理》《机电一体化设备组装与调试实训》《会计综合实训》《营销实训教学案例》等在内的一百多部教材先后出版，为相关专业教学提供了优秀的课程资源。

国家级教学成果特等奖《开发技能赛项与教学资源，推进高职机电类专业综合实训教学的改革与实践》成果提出，赛项资源开发与转化应立足于工程实践案例的"真度"，机电技术应用的"深度"，训练创新空间的"广度"，教学资源内容的"厚度"，软硬系统结合的"密度"，虚拟仿真形式的"效度"，教学学习过程的"乐度"，人才培养目标的"适度"。通过"八度"赛项资源开发与转化，将赛项设备转化提升为教学设备、赛项任务转化设计为教学项目、赛项内容转化建设为课程内容、赛项标准转化完善为教学标准、赛项评价转化为教学评价。

2. 大赛规范专业教学评价标准

大赛不仅考核对技术应用能力具有重要保障作用的基本理论，更加强了对学生实际操作能力的考核，将学生职业道德、职业素养等基本要求融入考核标准，体现对学生知识、能力和素质的综合评价要求。学校在教学中参照大赛的标准，进一步完善教学评价体系，学校采取多种评价方式，既注重过程考核，也注重结果考核，明确每个作业项目的考评要点，培养学生的质量意识，实现职业资格与专业技能训练的完全融合，建立以技能为核心的教学质量监测体系。

例如，报关技能大赛的赛题标准是根据《报关行业服务规范》和《报关员国家职业标准》以及行业前沿发展，设计竞赛内容和竞赛程序。赛题考核包括相关随附单证获取与选择、报关单填制与复核、报关单申报与修改，以及报关单证管理等相关单证处理技能；也包括进出口商品信息分析、归类依据确定、商品编码确定等归类技能；以及办理相关报备与报核手续、办理现场交单、配合海关查验、办理海关审结后的放行手续、办理与报关相关的其他增值服务、通关成本核算等现场通关作业技能。赛题既考察参赛选手技能操作能力，又考察参赛选手职业精神。这些赛题，引领了职业院校报关专业人才培养模式创新和教育教学改革。

由于大赛的赛项设置吸收了行业最前沿的技术和最先进的标准，以大赛考核标准为切入点，进行相关教学标准的开发与调整，可以更加严谨而规范地将教学标准与行业岗位需求相统一，建立起理论与实践、教学内容与岗位需求相适应的课程体系。根据大赛的赛项标准、要求、考点，将技能大赛的知识、技能、素质考核要求融入教学标准，在该标准的基础上整合课程内容，在日常教学过程中将大赛所需知识在课堂上进行讲解、将大赛所需的技能在课堂上进行训练、将大赛所需的素质在课堂上进行培养，为从根本上对整个教学过程进行改革形成教学标准保障。

2012 年 6 月，天津市根据大赛标准对接教学标准的理论，开展了以先进制造业领域专业为重点的 50 个国际化专业教学标准的开发试点，加强了职业教育的国际交流，深化了职业教育的中外合作办学，也推动了国内外优质职业教育资源的互补与共享。

3. 大赛促进专业实训条件提升

大赛使用设备是按照企业生产一线设备确定的，这就要求各地院校必须使用大赛选定设备准备比赛。这就促使各地院校必须与企业深度合作，投入资源购置设备和教学用具，共建校内外实训基地。自 2008 年以来，在大赛的引领下，国家、地方、行业、学校齐动员，职业院校的教学资源日益丰富，特别是实训资源日新月异，许多学校的实训基地建设甚至已达国际水平。现代化的实训基地建设，为提升学生实训技能提供了真实的业务操作平台。有了这样的实训条件，职业院校的教学效果有了明显提高。另一方面，实训基地的建设和提升，也反哺了大赛的发展。

例如："云计算技术与应用"赛项的承办校山东商业职业技术学院，与赛项合作企业中国电科第 55 所共同投资建设了包括云计算大数据实训中心、云计算大数据技术协同创新中心和云计算大数据技术服务中心三部分的云计算大数据中心，打造集人才培养、科技创新和创业孵化一体化的平台。又如，天津中德职业技术学院（现天津中德应用技术大学）以技能竞赛为引领，认真消化、吸收竞赛成果，联合龙头企业，选取"实训场所、氛围营造、装备选用、指导教师、实训耗材、场地管理、教学标准、课程教材、技能鉴定、培训服务、过程监控"11个维度，以"理论实践一体化、强化技能训练、职业资格培训鉴定、职业素质训导、对外技术服务、企业文化促进"为建设原则，建设了集技能竞赛、实践教学、技能鉴定、社会培训、技术研发为一体的，与企业技术装备水平紧密对接的实训基地，优化了职业教育实训基地建设内涵。

自2010年以来，天津中德职业技术大学通过大赛引进的技术研发中心、体验中心和实训中心等12个实训中心，已在全国职教师资培训、技术员工培训中发挥作用，直接推进了飞机制造技术、电气自动化、机电一体化、楼宇、数控维修、数控技术等重点专业实训基地的建设。其中成果开发的机电类专业综合实训课程教学标准已纳入了2012年11月教育部首批发布的专业教学标准。

通过大赛，天津市职业院校校企共建了一大批校内实训基地，新增高效依托型校外实训基地千余个。以技能大赛为引领，校企共建与企业技术装备水平紧密对接的实训基地，优化了职业教育实训基地建设内涵，并在全国范围内形成了广泛的校际、校企共建，实训资源共享的良好氛围。

第八篇 ▼

世界舞台

引　语

从 2009 年开始，大赛组委会高度重视国际影响提升工作，每年都会邀请国外知名企业、国际竞赛选手、国际著名专家学者、国际著名会展集团参与。召开国赛对接世赛技能赛项研讨会，设立国际挑战赛，引入 IEEE 国际电脑鼠大赛，创设工程实践创新项目（EPIP）国际教育联盟，举办国际化专业教学成果交流赛、"鲁班工坊"建设项目成果及工程实践创新项目国际研讨等活动，来自美国、德国、英国、加拿大、俄罗斯、日本、瑞士、荷兰、西班牙、葡萄牙、保加利亚、吉尔吉斯斯坦、泰国、巴基斯坦、印度、印度尼西亚、老挝、越南、柬埔寨、澳大利亚、新西兰、吉布提、肯尼亚、南非、马里、尼日利亚、埃及、科特迪瓦、乌干达、马达加斯加、埃塞俄比亚、加纳、摩洛哥、加蓬、坦桑尼亚等 60 余个国家的政府官员、行业专家、院校代表、教师学生、记者逾两万人亲身参与、感受中国的大赛，分享体味中国职业教育发展成果盛宴。

大赛注重请进来的同时，高度重视将中国优秀职业教育成果与世界分享。2010 年，在泰国曼谷举行的第八届东盟技能大赛上，国赛"自动化生产线安装与调试"赛项成为东盟十国技能大赛指定赛项，中国大赛的赛项设计、竞赛装备、教学模式、教材资源走出国门。以"中国职业教育的工程实践创新项目（EPIP）教学模式、中国教育部主导制定的国际化专业教学标准、全国职业院校技能大赛的优质赛项装备、中方职业院校教师开发的教材和教学资源"为核心内涵的国家战略品牌项目"鲁班工坊"已在亚欧非三大洲 16 个国家建设了 17 家。大赛的制度、标准、装备、教材系列化、系统性走出国门，成为中国职业教育"软实力"的重要标志。

十二届次的大赛影响深远，辐射广阔，大赛是中国的，也是世界的……

一、瞄准国际 提升办赛影响

大赛是中国职业教育对外展示办学成果的重要平台。多年来，大赛始终致力于推进国际化建设，从顶层设计到要素融合都进行了诸多有益的探索，取得了丰硕成果。在构建人类命运共同体、推动经济全球化大背景下，中国作为全球第二大经济体，社会发展和经济建设已不能独立于世界大循环、大发展之外，特别是现代制造业、现代服务业等领域，很多标准早已与国际标准接轨。因此以大赛为载体，与世界各国进行交流分享中国的职业教育发展模式与经验，将对中国职业教育走向世界起到积极推动作用。

2010 年，教育部与天津市人民政府签订《关于共建国家职业教育改革创新示范区协议》中指出，把全国职业院校技能大赛打造成具有国际影响力的高技能人才展示平台；2013 年，教育部职成司工作要点中提出，提升全国职业院校技能大赛国际化水平；2014 年，国务院印发《关于加快发展现代职业教育的决定》，在加强国际交流与合作中指出，提升全国职业院校技能大赛国际影响；在同步配发的教育部《现代职业教育体系建设规划（2014—2020 年)》进一步要求完善职业院校教学比赛制度，办好全国职业院校技能大赛，提升国际影响力；2015 年，教育部印发《高等职业教育创新发展行动计划（2015—2018 年)》强调，办好全国职业院校技能大赛，推进全国职业院校技能大赛国际化；同年，教育部与天津市人民政府签订《国家现代职业教育改革创新示范区》协议中，在"提升职业教育国际化水平"项目中提出，加强全国职业院校技能大赛国际化环境建设，提升大赛的国际参与度和影响力，成为我国参加世界技能大赛的培训基地。2016 年，天津市人民政府印发《关于加快发展现代职业教育的意见》中提出，提升技能大赛国际化环境建设，提高全国职业院校技能大赛国际影响力；2018 年，天津市委办公厅、天津市人民政府办公厅印发《关于做大做强做优职业教育的八项举措》中指出，增强职业技能大赛的国际影响力。基于提升大赛国际影响力的一系列顶层设计和要求，全面推动了大赛向着更高水平、更宽领域的发展。

二、开放格局 推动国际交流

中国正在举办着世界上规模最大、体系最完整的职业教育。随着对外开放政策不断深化，职业教育与外界交流互动越发频繁。大赛作为中国职业教育重大制度创新，每年邀请各国职业教育相关人士来华出席或参加大赛赛事与活动已经成为惯例。"国际职业教育论坛、中英影子校长论坛、国际化专业教学标准分享活动、现代学徒制国际研讨会、鲁班工坊交流活动、现代国际产教对接会、国赛对接世赛研讨活动"等一系列活动在大赛期间举办；邀请赛、挑战赛也与国赛同期开展，中外学生选手赛场互动交流密切，其中自动化生产线安装与调试国际挑战赛已经成功举办8届，国赛对接世赛交流活动已经成功举办5届，国际化专业教学成果交流赛举办了5届，IEEE电脑鼠走迷宫国际邀请赛暨世界APEC电脑鼠大赛中国选拔赛已经成功举办4届，"一带一路"鲁班工坊交流活动已经成功举办3届。2018年，国赛对接世赛项目"机电一体化项目"国际交流活动在天津举行，来自加拿大、泰国、英国、坦桑尼亚、吉尔吉斯斯坦等多个国家近200名来宾参加了活动。许多活动、论坛和竞赛通过连续多届举办，品牌效应已经显现。以大赛为支点，结合论坛、交流、研讨等活动的大赛国际化氛围已经形成。

"提升大赛国际影响力"是国家对于大赛提出的任务要求。多年来，大赛不断加强与世界技能大赛及区域性组织的技能比赛的联系，增进了解互信、拓宽交流渠道、探索合作方式。在教育部的主导下，主赛区主动学习先进国家赛事的标准、规范、经验并加以转化，已经完成100个国际化专业教学标准的研制与开发，东盟国家已经开始使用基于国赛制定的标准、翻译编写的教材。特别是，世界技能大赛组织主席杰克·杜塞多普先生曾经先后两次来到中国考察大赛，对于大赛的制度设计、装备水平和学生技能给予了高度赞扬，并称赞大赛已经达到"赛事一流、世界水平"。

深化职业教育国际合作，将中国优秀的职业教育资源与世界共享，为其他国家，尤其是发展中国家和地区培养高素质技术技能人才，是中国职业教育的责任和担当。十二届次大赛的成功举办，打造了中国职教和世界职教对话的平台，加深了中外职业教育的交流与合作，提升了我国职业教育的发展水平。

1. 高水平论坛推动职教走向世界

2010 年，"首届中国天津职业教育国际论坛"成功召开。论坛主题是"战略·政策·制度"，来自全国各地教育行政部门、职业院校、有关行业企业的代表，以及来自澳大利亚、德国、韩国、瑞士、英国、美国、世界银行等国家（地区）和国际组织的代表共计 200 多人参加了论坛。论坛的举办搭建起一个中外职业教育相互学习、相互借鉴的平台，对于深化职业教育改革发展具有重要的推动作用。

2012 年，在天津海河教育园区中德职业技术学院（现为天津中德应用技术大学）召开了"2012年全国职业院校技能大赛国际师生联谊冷餐会"，来自英国、德国、日本、新加坡等10多个国家的近200名师生共同参加。冷餐会上，邀请大赛期间到天津参赛和进行赛项观摩的国际师生共聚一堂。各国师生分别表演了具有各国特色的文艺节目和书法表演等，大家加深了了解，增进了友谊。来自新加坡的参赛选手代表在发言时，特别提到感谢大赛组委会的安排，通过技能大赛和联谊会，让他结识了好多新朋友。

2014年，中英职业教育"影子校长"圆桌会议在主赛区召开。座谈会由教育部、英国文化协会、英国驻华使馆联合举办。来自中英两国项目参与学校、教育行政部门、研究机构、行业协会及有合作意向的职业院校代表近百人与会。会前，参会人员观摩了大赛多个赛项，给国际职教友人留下了深刻的"中国职教"印象。会上，中英双方代表分别介绍了各自国家职业教育国际合作情况及意向需求。通过交流，与会代表加强了对加快发展现代职业教育的认识，进一步强化了合作共识。自2012年开始举办的中英职业教育"影子校长"项目，促成了中英互派人员到对口学校跟岗体验和交流。中方人员在英国为期三周，英方在中国为期10天，参观对方的职业学校、企业及职业教育相关机构，参加专题讲座，在对口相关岗位体验工作环境、岗位职责和工作特点，开展交流研讨等。"影子校长"项目启动以来，双方已经互派了50余名校长互访，已有17对院校结成姊妹学校并签订了合作协议。该项目通过校际合作，相互借鉴办学和管理经验，培养了一批适应经济社会发展需求和国际化要求的职业学校骨干校长，推动了职业教育改革创新和办学质量的提高。

2015年，现代学徒制国际研讨会在天津海河教育园区青年职业学院（现为天津职业大学海教园校区）成功召开，来自澳大利亚、新西兰、英国和德国的驻华使馆官员、职教专家，以及我国教育行政部门负责同志、职业教育科研（教研）机构专家、职业院校领导和相关行业企业代表共200余人参加研讨会。与会代表通过此次研讨会达成共识：发展教育特别是职业教育成为各国发展经济、改善民生、迎接挑战的重要举措；应大力推进现代学徒制，不断提高职业教育服务经济社会发展的能力，为振兴繁荣世界经济做出新的贡献。

2016年，"国赛"对接"世赛"——第三届职业院校国际赛事研讨会顺利召开。会议围绕国赛对接世赛对职业教育的影响，世赛实训基地建设及对接国赛、世界技能大赛参赛与收获经验分享、世界技能大赛资源转化经验分享、世界技能大赛赛项体验四项交流环节展开，借此机会使更多职业院校能够进一步了解世赛对职业教育的促进作用。自2008年以来，我国的赛项设置越来越紧贴国家产业、行业发展需要，体现出前瞻性和引领性；而世界技能大赛主要依据职业的发展情况设置竞赛项目，也要求体现一定的前瞻性和引领性，两者不谋而合。近年来，通过研讨会不断举办，"国赛"赛项设置已经出现面向"世赛"调整项目、内容和标准的趋势。国赛根据世界技能大赛要求，逐步提升赛项质量，使国赛项目不断趋于成熟。

2017 年，"一带一路"现代职业教育鲁班工坊国际交流活动由天津海河教育园区轻工职业技术学和中德应用技术大学主办。活动通过纪实展览的形式，以鲁班工坊建设一年以来的成果为主线，向来宾介绍鲁班工坊的发起、内涵、建设布局、优质成果、未来规划等内容，通过"'一带一路'，职教先行；顶层架构，引领示范；国际布局，创新发展；共建共享，提质增效"等篇章的展示，真实记载了中国职业教育勇于探索、扎实实践、富有成效的国际化发展历程，让社会更加了解鲁班工坊。呈现了天津职业教育依托鲁班工坊，拓展国际合作、输出职教成果、培养国际人才，开展师资培训、成立研究机构等国际化成果。时任国务院副总理刘延东，天津市委书记李鸿忠，时任天津市市长王东峰，副市长曹小红，教育部部长陈宝生，时任教育部副部长李晓红等参观展览。

2018 年，由中国职业技术教育学会、天津市教育委员会主办的 EPIP 国际教育联盟论坛在天津渤海职业技术学院召开。论坛是 EPIP 国际教育联盟在大赛期间重要活动之一，论坛回顾联盟成立一年多以来的重要发展事件，并借改革开放四十周年之机向与会各国嘉宾全景展示了中国职业教育在四十年间取得的巨大成就。同期，天津 EPIP 教学团队以工程实践创新项目 EPIP 教学模式为载体，分享具有中国特色教学模式应用成果及优质教学资源。

2019 年，由天津渤海职业技术学院、天津职业大学共同承办的鲁班工坊产教融合国际论坛在我市举行。海外建设的 8 个鲁班工坊中的受益学校、企业齐聚天津，共话鲁班工坊建设成效。

通过大赛国际化交流平台，实现了全国职业院校和国外职业教育教学和研究机构的深度对接，促进了"目标国际化、标准国际化、师资国际化、课程国际化、环境国际化和模式国际化"的建设与提升。

2. 高质量国际赛事伴随大赛举办

①自动化生产线安装与调试国际挑战赛

在 2012 年第五届大赛高职组"自动化生产线安装与调试"赛项举办的同期，首次创设与外国选手同场竞技、切磋交流的国际挑战赛，向国外职业教育同行展示了我国技能赛项风采。国外参赛队直接参与比赛，国外院校和教学机构的专业人士进行了赛项观摩。该赛项共有 65 支代表队参赛，其中 59 支代表队来自全国各省份，另有 6 支国际代表队来自东盟国家及非洲，国际代表队约占参赛队数的10%。

这 6 支国际代表队分别来自新加坡、印度尼西亚、菲律宾、马来西亚、越南、非洲（肯尼亚和津巴布韦联合组队），其中新加坡 Institute of Technical Education、印度尼西亚 BBPLKLN Cevest、菲律宾 MFI Technological Institute、马来西亚 ENTERC ORIDOR Training Centre、越南 Hung Vuong Technology Engineering School 等国际代表队均为 2012 年第九届东盟技能大赛"自动化生产线安装与调试"赛项参赛队的原班人马，包括参赛队员 12 人、指导教师 9 人。

为了使国际参赛队能顺利比赛，竞赛组委会专门对竞赛平台、操作系统、赛题都进行了英文配置，为每个国际参赛队设置标准化竞赛工位。国际参赛队的竞赛内容与国内参赛队完全一致，均以现场操作"YL—335B 自动生产线实训考核装置"的方式，完成自动生产线设备工作单元的机械安装和调整，气动回路的安装、连接和调整，电气控制电路的设计、安装和布线，传感器安装与调整，PLC 编程，人机界面组态，电机驱动（含变频器及对应电机、伺服驱动器及伺服电机）参数设定，以及系统统调、运行等工作。

来华参赛的竞技选手都有着较高水准，但比赛过程也是非常艰辛、激烈。在 6 个小时的竞赛中，非洲联队的两位选手中途退场弃权了，他们认为赛项难度大，技能要求过高，综合应用领域宽。新加坡和马来西亚两国的选手表现得异常好，明显比其他国家选手能力强，这两支代表队的整个工作台面"干净、规范"，尤其是新加坡代表队的施工工艺非常精湛，完全符合工程标准要求，安装工艺和技术技能都值得我们学习，给国内参赛队留下了深刻印象。

作为第五届大赛的一大亮点，国际参赛队的加盟，说明大赛的国际影响力正逐步显现，中国的职教设备和技术标准得到了世界认同，也为东盟各队当年 10 月在印度尼西亚雅加达举行的第九届东盟技能大赛进行了实战演练。中外选手同场竞技吸引了众多媒体的关注，相关媒体进行了连续报道。

自成功举办 2012 年国际挑战赛后，2013 年至 2019 年，连续八届次举办全国职业院校技能大赛高职组"自动化生产线安装与调试国际挑战赛"，先后吸引了来自德国、西班牙、葡萄牙、韩国、泰国、新加坡、马来西亚、印度尼西亚、柬埔寨、越南、老挝、津巴布韦、坦桑尼亚、吉尔吉斯斯坦、巴基斯坦等 15 个国家代表队正式参赛，并广泛邀请了美国、加拿大、英国等 12 个国家代表来华观摩。

多次举办的"自动化生产线安装与调试"赛项也吸引了

国内 30 个省份的 200 余所院校参赛，直接参加国家层级比赛的师生达到 2000 余人次，促进了该赛项的国际国内影响力提升。

②IEEE 电脑鼠走迷宫表演赛（邀请赛）

电脑鼠走迷宫竞赛，由"电气和电子工程师协会（IEEE）"发起，在国际上已有数十年的办赛历史，由于富有较高的挑战性和较强的趣味性，至今风靡欧美、日本、东南亚等国家和中国台湾地区。

从 2007 年至今，电脑鼠在中国经历了 10 多年的成长、历练，电脑鼠走迷宫竞赛是以工程实践创新项目（EPIP）创新套件为重要载体，搭建基础教育、职业教育与高等教育系统化培养的衔接工程实践平台。电脑鼠走迷宫竞赛采纳实践教学和师生创新竞赛的载体，体现光机电结合、软硬件结合、控制与机械结合，演绎"工程化"，延伸和扩展"实践性""创新型"，使学生的学习内容和教师的授课方式都围绕真实"项目"开展，着眼综合素质的培养，创造快乐素质教育。

2015 年第八届大赛前夕，第 29 届 APEC IEEE 国际电脑鼠大赛在美国夏洛特隆重举行，天津中德应用技术大学、天津城市职业学院联合代表队远赴美国参加大赛。中国选手与来自美国、日本、英国、荷兰等国家的选手们同场竞技，充分展现了中国学生的风采，同时与国际知名的电脑鼠专家进行了深入的交流切磋。

2016 年大赛期间，天津渤海职业技术学院举办了首届"津台"电脑鼠走迷宫表演赛，推动了工程实践创新项目（EPIP）向更广阔领域迈进。来自泰国大成学院以及中国台湾龙华科技大学、南开大学 IEE—MM 团队、南开大学滨海学院、天津大学、天津中德应用技术大学、天津工业大学、天津理工大学、天津渤海职业技术学院等 8 所院校的 11 支代表队参加了比赛。经过激烈的角逐，天津大学代表队、中国台湾龙华科技大学蔡欣翰代表队、天津工业大学代表队获得了最佳表现奖；中国台湾龙华科技大学的选手寥桓颉获得了最快速度奖。这是电脑鼠走迷宫比赛在大赛的首次精彩亮相，也标志着我国技能大赛国际化在"引进来"方面迈出了重要的一步。

2017 年大赛期间，第二届 IEEE 电脑鼠走迷宫国际邀请赛继续在天津渤海职业技术学院举行，这届比赛作为 2018 年世界 APEC 电脑鼠大赛中国选拔赛，成为大赛国际影响力提升的新亮点。本届赛事吸引了来自中国和世界各地的顶尖技能竞赛高手参加。继首届比赛，APEC 协会主席、美国麻省理工学院 David 教授、中国台湾龙华科技大学苏景辉教授等国际大腕云集加盟竞赛后，本届赛事又迎来了曾多次荣获美国 APCE 电脑鼠大赛、全日本世界电脑鼠公开赛冠军、被誉为"新加坡电脑鼠教父"的义安理工学院 Bengkiat NG 教授来到天津，加盟第二届 IEEE 电脑鼠走迷宫国际邀请赛，现场展示风靡全球的"半尺寸电脑鼠""自走车电脑鼠"等，成为本届大赛"重磅爆点"，中央电视台等多家主流媒体对赛项举办进行了报道。

2018 年、2019 年两届比赛规模不断扩大，到 2019 年第四届比赛时，参赛选手已达到 180 人。

③中外选手同场竞技增加友谊

自 2008 年起，每年大赛期间，都有近 50 个国家和地区的代表以观摩比赛、正式参赛、现场体验、沟通交流等不同形式参与大赛。除自动化生产线安装与调试和工程实践创新项目国际挑战赛以外，计算机网络、护理、物流、数控、模具等多个国赛赛项，也吸引了国外选手与国内选手同台竞技。在竞赛过程中，中外选手相互学习操作技艺，互相交流取长补短，形成了以赛互动、以赛互学、以赛互鉴的良好氛围。赛场是对手，场外是朋友。来自英国的 Charlie Puth 在赛后说:"中国的大赛棒极了，这是一场非常美妙的体验，在这里我交到了很多好朋友，他们的水平太高了，太高了，我要把这里看到的一切带回英国，分享给我的家人和同学。"

3. 国际化专业教学标准成效显现

2012 年按照教育部要求，天津市启动建设国际化专业教学标准，并陆续在飞机制造技术、汽车检测与维修技术专业、电气自动化等专业开设国际化专业教学试点班。截至2015年底，天津市已建成高职国际化专业教学标准50个。为充分展示国际化专业教学标准建设成果，天津主赛区连续3次举办相关观摩切磋与交流展示活动，促进了专业建设成效的全面展现。

2015年第八届大赛期间，在天津海河教育园区中德职业技术学院举行了职业院校国际化专业教学成果分享活动，受到各界广泛关注，成为此次技能大赛特色活动中的一大亮点。此次建设成果分享活动主要包括两大部分：国际化专业教学标准的成果展示和高职院校国际化专业教学标准说课比赛，并向前来观摩的各界人士分享了国际化专业教学标准开发建设过程中取得的经验与心得。

2016年第九届大赛期间，天津中德应用技术大学举办了"高职院校国际化专业教学成果交流赛"。本次比赛以"学生＋老师"的形式，教师为国际化试点专业负责人，比赛中以使用国际化专业教学标准开展教学试点为基础，重点展示师资团队中英文授课能力、国际职业课程标准对接、国际化校企合作等内容。专业负责人介绍国际化试点专业实施情况、国际化专业教学标准应用情况、相关国际化企业合作情况以及专业未来发展规划等。

2017 年第十届大赛期间，为推动职业教育国际化发展，强化国际化专业教学标准在教学中的应用与完善，提升国际化专业教学标准课堂教学水平，"国际化专业教学标准课堂教学竞赛"在天津海河教育园区机电职业技术学院举行。此次竞赛围绕高职院校国际化专业教学标准开发与教学实践，在国际化专业教学标准教学试点班以及有关专业已开展双语教学的专业课程中，遴选课堂教学中的精彩一刻录制成视频，参赛教师以"我与双语教学"为主题进行现场汇报展示。

三、鲁班工坊 大赛走向世界

2014 年全国职业教育工作会后，党中央、国务院对于职业教育发展提出了更高的要求，大赛也随之进入新的发展阶段。适应外部环境和内部机制对大赛国际化发展提出的要求，更好地对外展示和分享中国职业教育的发展成果，主动响应"一带一路"倡议，对接国家重大建设项目，成为提升大赛影响力的关键任务。

1. 响应"一带一路"创设"鲁班工坊"

2013 年 9 月和 10 月，国家主席习近平在出访中亚和东南亚国家期间，先后提出共建"丝绸之路经济带"和"21 世纪海上丝绸之路"的重大倡议，得到国际社会高度关注。

2016年3月8日，天津渤海职业技术学院在泰国大城府建立首个"鲁班工坊"，标志着以天津国家职业教育改革创新示范区为代表的中国职业教育，开始把优秀成果送出国门与世界进行分享，通过鲁班工坊搭建起中国职业教育与世界对话交流的实体桥梁。

2018年9月3日，习近平主席在中非合作论坛北京峰会上宣布实施"八大行动"，全面推进中非合作，并明确提出，将在非洲建设10个鲁班工坊，向非洲青年提供职业技能培训。2019年3月28日，非洲第一个鲁班工坊——"吉布提鲁班工坊"正式揭牌启运。

2018年12月5日，习近平主席在葡萄牙里斯本见证签署葡萄牙鲁班工坊建设协议。时任天津市市长张国清为项目启运揭牌。

2019年4月25日，习近平主席在第二届"一带一路"国际合作高峰论坛期间会见埃及总统塞西，提出中方将在埃及设立鲁班工坊，向埃及青年提供职业技能培训。2020年11月30日，埃及2个鲁班工坊已建设完成，并揭牌启运。

2. 大赛优质资源助推"鲁班工坊"建设

"鲁班工坊"的成功，并非一蹴而就，而是经过长期探索、累积孕育的结果，其中由大赛发展衍生成熟的 EPIP 教学模式、国际化专业教学标准、国赛优质教学装备、系列教材与资源都是建设"鲁班工坊"的核心要素和重要支撑。

"自动化生产线安装与调试"竞赛标准已经被越南、菲律宾等东盟十国采纳，成为东盟技能大赛的正式指定赛项，并从 2010 年的第八届东盟技能大赛开始，至 2018 年第十二届东盟技能大赛，连续 5 届设置该赛项。

值得一提的是，2014 年 10 月 23 日至 26 日，第十届东盟技能大赛在越南河内市举行，来自菲律宾、越南、马来西亚、新加坡、印度尼西亚、泰国、老挝、柬埔寨、缅甸、文莱等东盟十国的近 300 名选手参加了 25 个赛项的技能比赛。其中，除"Industrial Automation（工业自动化）"赛项完全采用"自动化生产线安装与调试"的竞赛装备和竞赛标准外，"CNC Maintenance（数控维修）"赛项也完全采用我国大赛"数控机床装配、调试与维修"赛项的竞赛装备和竞赛标准。"CNC Maintenance（数控维修）"赛项是我国竞赛设备和竞赛标准走出国门的又一重要成果。

除赛项的竞赛标准和竞赛内容国际化输出之外，赛项的另一项"软标准"——教学资源的输出，更标志着我国职业教育已具备了成体系输出中国标准的实力。

自 2008 年开始，职业院校开发了《自动化生产线安装与调试》等中英文版教程和教学资源，这是中国第一套结合大赛赛项的国际化教材，获得了联合国教科文组织和德国国际继续教育与发展协会的高度赞赏，被东盟很多国家作为实践培训教材引进，成为东盟国家技能竞赛和教学培训的重要服务支撑。

2012年，在第九届中国—东盟博览会期间，教育部和广西壮族自治区人民政府以"发展职业教育，繁荣区域经济"为主题，首次联合举办了2012年中国—东盟职业教育联展活动。展会期间，东盟国家代表高度评价中国与东盟职业教育的合作，一致认为，大赛训练装备和国际化教材的成功开发，标志着中国职业教育的"软""硬"资源成为中国职业教育与世界分享的品牌性载体。

2013年4月，泰国公主诗琳通访问中国，考察职业教育，推动泰国职业教育与天津开展交流合作。考察期间，诗琳通受赠《自动化生产线安装与调试》英文版教学资源，她高兴地表示希望加强与中国职业教育的交流合作，这也助推了首批全日制机电一体化专业留学生项目在天津实施。

2013年第六届大赛期间，作为大赛同期活动之一的第二届"自动化工程实践创新国际挑战赛"在天津拉开帷幕。英文版大赛成果转化的教学资源，推进了中国职业教育的国际化进程，为各国职业教育教学与培训资源的交流搭建了话语平台。可以说，全国职业院校技能大赛的标准体系，不但全国通行，还获得了国际上的广泛认可；不仅被印度、巴西等新兴经济体直接采用，也被欧盟、东盟、美洲、非洲等世界各地借鉴，成为职业竞技"金标准"。

经过 5 年建设，在泰国、英国、印度、印度尼西亚、巴基斯坦、柬埔寨、葡萄牙、吉布提、肯尼亚、南非、马里、尼日利亚、埃及、科特迪瓦、乌干达和马达加斯加 16 个国家已经建成 17 个"鲁班工坊"，辐射亚洲、欧洲、非洲。围绕 EPIP 教学模式，37 个国际化专业在境外落地，其中 75% 以上的实习实训设备均使用国赛优质装备；由中方教师主导，中外教师共同开发的双语教材近百套，已有机电一体化、数控技术、新能源技术、物联网应用技术、动车组检修技术、铁道信号自动控制、铁道工程技术、铁道交通运营与管理、物流服务与管理、商贸专业等 10 余个国际化专业教学标准获得当地合作国教育部评估认证，纳入其国民教育体系。另外，经过英国资格证书认证颁发机构 Qualifi 审核，英国鲁班工坊的中餐烹饪艺术（鲁班）专业教学标准，获准进入英国国家职业资格框架体系。

参考文献

▼

文件类：

[1] 国务院.《关于印发〈国家职业教育改革实施方案〉的通知》.（国发〔2019〕4号）.

[2] 国务院.《关于加快发展现代职业教育的决定》.（国发〔2014〕19号）.

[3] 教育部等37部门.《关于印发〈全国职业院校技能大赛章程〉的通知》.（教职成函〔2018〕4号）.

[4] 天津市委办公厅 天津市人民政府办公厅.《关于〈做大做强做优职业教育的八项举措〉的通知》.（津党厅〔2018〕71号）.

[5] 天津市人民政府.《关于〈加快发展现代职业教育〉的意见》.（津政发〔2016〕3号）.

[6] 天津市人民政府 教育部.《关于印发〈国家职业教育创新改革示范区建设实施方案〉的通知》.（津政发〔2012〕2号）.

[7] 天津市人民政府 教育部.《关于印发〈国家职业教育改革试验区建设实施方案〉的通知》.（津政发〔2006〕24号）.

书籍类：

[1] 吕景泉.鲁班工坊核心要义——中国职业教育的国际品牌 [M].天津：天津人民出版社，2019.

[2] 吕景泉.EPIP教学模式——中国职业教育的话语体系 [M].天津：天津人民出版社，2019.

[3] 吕景泉.鲁班工坊 [M].北京：中国铁道出版社，2018.

[4] 吕景泉.EPIP职业教育教学模式:改造我们的学习 [M].北京：高等教育出版社，2018.

[5] 吕景泉.天津职教漫谈 [M].北京：高等教育出版社，2018.

[6] 吕景泉.协同与协作（职业教育的京津冀协同与东西部协作实录)[M].天津：天津人民出版社，2018.

期刊类：

[1] 吕景泉.谈 2008 年全国职业院校技能大赛专业特色和价值内涵 [J].天津市职业院校联合学报,2009,（01）.

[2] 吕景泉、张兴会等.开发技能赛项及其教学资源 推进高职机电类专业综合实训教学的改革与实践 [J].中国职业技术教育,2011,（30）.

[3] 吕景泉、汤晓华,周志刚.全国职业院校技能大赛对技能人才培养的价值与作用 [J].职业技术教育,2014,（09）.

[4] 吕景泉、汤晓华等."大赛—职教改革试验区—人才培养"互动模式的系统设计与实践 [J].中国职业技术教育,2014,（15）.

[5] 吕景泉、汤晓华,周志刚.建设国际化高职教育专业教学标准的学理考量 [J]. 中国高教研究,2014,（09）.

[6] 吕景泉、杨延等."鲁班工坊"——职业教育国际化发展的新支点 [J]. 中国职业技术教育,2017,（01）.

[7] 吕景泉,汤晓华,史艳霞.工程实践创新项目（EPIP）教学模式的研究与实践 [J]. 中国职业技术教育,2017,（05）.

[8] 吕景泉、米靖.开启中国特色职业教育的创新之路 [J].中国职业技术教育,2017,（16）.

[9] 吕景泉、吴淑媛、汤晓华.技能大赛:引领职业教育教学改革发展走向新高度 [J].中国职业技术教育,2017,（16）.

[10] 吕景泉、米靖、刘彦洁、韩建勇、芮志彬.倾心聚力 共享职教成果 活动竞秀 彰显职教魅力—从职教活动周看天津职教创新竞进发展 [J].中国职业技术教育,2018,（16）.

[11] 吕景泉.五业联动——职业教育科学发展的新途径 [J].中国职业技术教育,2018,（10）.

[12] 吕景泉.鲁班工坊——中国职业教育国际知名品牌 [J].天津市职业院校联合学报, 2019,（01）.

[13] 吕景泉.鲁班工坊的核心内涵——中国职业教育的国际品牌 [J].天津市职业院校联合学报,2020,（01）.

[14] 芮志彬.全国职业院校技能大赛国际化之路 [J].中国职业技术教育,2016,（16）.

[15] 芮志彬、梁群等.回顾与展望:全国职业院校技能大赛发展研究 [J]. 中国职业技术教育,2018,（16）.

[16] 芮志彬.提升全国职业院校技能大赛国际影响——天津在实践探索中的五大举措 [J].天津职业院校联合学报,2019,（04）.

[17] 杨荣敏、李富森、武春平.十年征程：技能大赛与天津职业教育发展 [J].中国职业技术教育,2017, (16).

[18] 杰克·杜赛多普.世界技能大赛对职业教育的促进 [J].西北职教,2000, (07).

[19] 编辑部.职业教育有大赛 [J].职业技术教育,2008, (21).

[20] 车明朝、刘红.展示职教风采 引领专业教学——2009 年全国职业院校技能大赛采风札记 [J].中国职业技术教育,2009, (20).

[21] 刘海."大赛越来越有生命力" [J].职业技术教育,2010, (21).

[22] 秦虹，胡洁.全国职业院校技能大赛对职业教育理念和观念的影响 [J].教育研究,2011, (11).

[23] 李术蕊.以赛促教:技能大赛助力教师发展 [J].中国职业技术教育,2011, (30).

[24] 任凯.技能大赛影响力与职业教育发展 [J].中国职业技术教育,2011, (30).

[25] 杨延.全国职业院校技能大赛成就、问题与对策 [J].职教论坛,2012, (33).

[26] 刘红.建章立制加强管理 大赛走向成熟规范 [J].中国职业技术教育,2012, (22).

[27] 汤晓华、吕景泉.全国职业院校技能大赛赛项设计及其立体化教学资源开发 [J].中国职业技术教育,2012, (35).

[28] 席东梅.技能大赛风生水起 分赛制度日趋完善 [J].中国职业技术教育,2013, (22).

[29] 赵伟.知识照亮人生之路 技能铸就美好未来 大赛展示师生风采 职教铺就圆梦舞台——2013 年全国职业院校技能大赛综报 [J].中国职业技术教育,2013, (22).

[30] 祝瑞花.以技能大赛为引领 推进人才培养模式改革 [J].现代教育,2013, (13—14).

[31] 车明朝.产教融合 大赛凸显企业重要办学主体作用 [J].中国职业技术教育,2014, (22).

[32] 马元兴.职业技能大赛制度的改革与创新 [J].教育与职业,2015, (02).

[33] 狄建明、耿洁.大赛十年:中国特色职业教育技能竞赛制度创新 [J].中国职业技术教育,2017, (16).

[34] 刘彦洁、王晓宗、芮志彬.求创新 谋发展 续写职教新篇章——2017 年天津市职业教育活动周综报 [J].中国职业技术教育,2017, (16).

[35] 穆树发、李薪茹、李娜."职继协同双周推进"服务终身学习型社会建设综述 [J].中国职业技术教育,2017, (16).

[36] 刘红.全国职业院校技能大赛促院校内涵发展的路径与方向——五位赛项承办校校长访谈 [J].中国职业技术教育,2017, (16).

[37] 李术蕊.大赛点亮人生 技能改变命运——访全国职业院校技能大赛获奖选手 [J]. 中国

职业技术教育,2017, (16).

[38] 隋丽萍.浅谈世界技能大赛对我国职业教育的启示 [J].职业,2017, (09).

[39] 李薪茹、王松岩.大赛资源转化的现状、问题与趋势 [J].中国职业技术教育,2018, (16).

[40] 马元兴.强化大赛制度建设 催生大赛精彩专业安全廉洁 [J].中国职业技术教育,2018, (16). .

[41] 陈小芳.论新形势下健全高等职业教育"德技并修、工学结合"的育人机制 [J].中国高新区,2018, (05).

[42] 葛道凯.完善现代职业教育体系,彰显职业教育类型特征 [J].中国职业技术教育,2019, (07).

[43] 邢晖.创新铸造新时代职教"双师型工匠之师"——学习《国家职业教育改革实施方案》体会 [J].中国职业技术教育,2019, (07).

网站类:

[1] 中华人民共和国中央人民政府官方网站 [EB/OL].http://www.gov.cn/.

[2] 中华人民共和国教育部官方网站 [EB/OL].http://www.moe.gov.cn/.

[3] 全国职业院校技能大赛官方网站 [EB/OL].http://www. chinaskills-jsw.org/.

[4] 世界技能大赛中国组委会官方网站 [EB/OL].http://www.worldskillschina.cn/.

报纸类:

[1] 陈杰、杨明方.全国职业院校技能大赛在津举行,刘延东 张高丽为大赛启幕 [N]. 人民日报,2008-6-29.

[2] 蔡继乐,李薇薇.天津:当好职教改革"领头羊" [N].中国教育报,2017-08-19.

[3] 刘莉、张雯婧.大赛十年走出一批批"大国小将" [N].天津日报,2017-05-15.

[4] 高靓."鲁班"环游记——鲁班工坊向世界输出中国职教品牌 [N]. 中国教育报,2017-05-30.

[5] 刘莉.天津职教发展走过"精彩十年" [N].天津日报,2018-05-6.

[6] 鲁班工坊研究与推广中心.鲁班工坊建设与发展成就 2020 [N].天津日报,2020-11-6.

[7] 国家职业教育质量发展研究中心.先行先试 改革创新——天津职业教育综合改革十五年综述 [N].天津日报,2020-11-6.

一项全国职业技能大赛，在职业教育领域连续举办了十二届次，而且是每年一届。

一项职业院校技能大赛，在国家部委办主办层面，从十几个主办单位，发展到三十几个；在行业企业参与方面，从数十个，发展到成百上千个，年年扩容。

一项中国职业技能赛事，在世界职教与产业领域，同行们从观摩交流、论坛对话，到挑战赛、专业赛、标准赛，直至合作办学、专业标准、鲁班工坊，步步为营。

一项制度设计与创新，连续探索，届届递进。

大赛，引爆了产教融合视域下产业、行业、企业、职业、专业的"五业联动"，改变了已有、创造了未有，新时代职业教育的新气象得以生成、发展，而且步履坚实、步伐有力。

回望大赛，作为大赛的参与者、亲历者、设计者、推动者，深切感到，大赛是幸运的。大赛得到党中央、国务院，各部门、各级政府的支持，受到各行业、企业、职业院校，以及全社会广泛欢迎、支持和参与。大赛也是无私的，大赛通过自身发展引领了职业教育发展，通过自身价值反哺了企业、学校、老师、学生，以及社会各领域。

记录大赛，真切体会到，大赛凝聚着集体的力量与心血。大赛是中国职教人智慧的结晶，是中国职教人一次守正笃行、久久为功的行动。敢为人先，精益求精，追求卓越。大赛承载着中国职教人的初心与梦想，点亮人生，让每个人都有人生出彩机会的职业初心；运用技能，改变所处真实世界，创造美好现实生活的职教梦想。每一名参赛选手、每一位指导教师、每一名工作人员、每一位志愿者、每一所学校、每一个部门，以及每一位与大赛相关的人，都是每个赛项、每个活动、每个故事的主角。大赛使他们原本平行的生活轨迹交织在一起，是他们勠力同心，使大赛更精彩。

职业教育是一种教育类型，技能大赛是其最具特质的组成部分。十二届次大赛实践证明，职业教育需要大赛。

编著此书，是为弘扬劳动光荣、技能宝贵、创造伟大的时代风尚，是为记录职教同人的职业情怀，是为梳理技能成就梦想的感人故事，更是为"曾经"的大赛"画龙典经"。"画"中国职业教育之"龙"，"典"中国职教品牌之"经"。

2021 年，对于大赛是新纪元的开始，出于巧合，本书编著完成于辛丑年新春。一年之计在于春，中国的技能大赛必将开启崭新行程，守正创新，行稳致远……

感谢以芮志彬为代表的全国职业院校技能大赛竞赛组织人员的实践实干，感谢以武春平为代表的全国职业院校技能大赛博物馆展示工作团队的辛勤辛苦。

祝好大赛，祝好中国职业教育！

吕景泉

2021 年 2 月 21 日